Le Conservatisme Noir Américain

Michel N. Christophe

Le Conservatisme Noir Américain
Copyright © 2016. Michel N. Christophe

ISBN-13: 978-0-9987045-3-1
ProficiencyPlus

Cet ouvrage est dédié à tous les curieux qui comme moi cherchent à mieux comprendre le monde qui les entoure.

Le Conservatisme
Noir Américain

Sommaire

1. Avant-Propos

Avec la nomination en 1991 de Clarence Thomas à la Cour Suprême des États-Unis la résurgence du conservatisme politique noir américain suscite un regain d'intérêt parmi journalistes, commentateurs politiques, chercheurs et intellectuels de tous bords. Une étude du phénomène que représente le conservatisme noir est nécessaire pour mieux appréhender la complexité de la communauté noire américaine. Nous expliquons ce qu'est le conservatisme noir contemporain et présentons ses penseurs les plus importants. Le conservatisme n'est pas uniforme. Il existe en son sein plusieurs tendances bien spécifiques et parfois contradictoires. Il change dans le temps et selon les latitudes. Les conservateurs ne représentent pas un ensemble cohérent de principes et de croyances. Le conservatisme se comprend mieux, non pas en tant que théorie inhérente de défense d'institutions particulières, mais en tant qu'idéologie positionnelle.

Nous retraçons la réémergence du conservatisme noir sur la scène médiatique, pendant la mandature de Ronald Reagan. Ce n'est point par hasard que les conservateurs noirs sortent de l'ombre dans les années 1980. Nous entendons montrer comment leur recrutement par des groupes de réflexion, financés par de riches 'fondations' au service des intérêts des multinationales, et parfois de la droite religieuse fondamentaliste, a transformé ces intellectuels noirs en propagandistes dans une communauté qu'ils avaient pour mission de gagner à la cause républicaine. Leurs idées ont eu un impact palpable sur le corps social. Elles ont fini par façonner le discours politique et la manière dont les problèmes sociaux sont abordés. La réussite des conservateurs réside dans leur aptitude à refaçonner la réalité en créant des sujets de polémiques.

Nous présentons directement les positions des intellectuels les plus représentatifs de la diversité du conservatisme noir contemporain : Thomas Sowell, Shelby Steele et Robert L. Woodson. Les contrastes et les convergences entre leurs idées nous permettront de cerner plus profondément l'essence même du conservatisme noir. Nous avons choisi ces individus parce que c'est de leurs idées que s'inspirent les quelques politiciens noirs conservateurs élus au niveau fédéral et au niveau local, ainsi que la base du mouvement.

2. Nouvelles Convictions, Nouvelles Directions

Au début des années 1980, avec l'avènement de Ronald Reagan à la présidence, un mouvement politique apparemment nouveau émergea : le conservatisme noir. Un rejet sans équivoque des stratégies des très influentes organisations civiques de défense des Noirs, et des églises qui les soutiennent, le distingua d'emblée. L'église noire est l'institution la mieux organisée et la plus importante dans la communauté noire ; le *National Baptist Convention, U.S.A., Inc.*, par exemple, représente 7,5 millions de membres, ce qui le rend 15 fois plus grand par sa taille que la NAACP.[1] La protestation, la caution de l'expansion du rôle interventionniste de l'État, le soutien accordé au parti démocrate, tout cela déplaisait terriblement aux conservateurs noirs, qui dénonçaient ce qu'ils appelaient la dépendance

---

1. David L. Evans, "Self help at Its Best", <u>Newsweek</u>, (16 mars 1987) 8.

des organisations libérales de défense des Noirs vis-à-vis du capital politique de la culpabilité blanche.

C'est grâce à la lutte des organisations civiques de défense des Noirs que les droits civils furent obtenus. Cette lutte, menée aussi bien dans les tribunaux que dans la rue, permit aux Noirs américains de regagner en 1964 le droit de vote qui leur avait déjà été accordé en 1867, puis, ôté huit ans plus tard, en 1875, vers la fin de la Reconstruction. Les Noirs américains ne furent pas les seuls bénéficiaires de la lutte pour les droits civils : les femmes, les handicapés, les homosexuels, les immigrés, et les autres groupes minoritaires profitèrent aussi de ses multiples répercussions. Les églises jouèrent un rôle primordial dans cette lutte. Elles fournirent au mouvement, les leaders charismatiques qui lui faisaient défaut. Dans sa phase finale, juste avant les victoires législatives des années soixante, beaucoup de chrétiens et de Juifs soutinrent la lutte pour la reconquête des droits civils des Noirs confirmant ainsi son avantage moral.

Vers la fin de 1964, les politiciens démocrates du Sud poursuivaient une politique démagogique raciste. Le mouvement de lutte des Noirs représentait l'avant-garde de la réforme sociale et mobilisait tous les progressistes. Conservatisme rimait avec réaction. Les Noirs conservateurs de la première moitié du siècle s'étaient opposés à la protestation, craignant qu'elle ne mette à rude épreuve le semblant d'harmonie raciale qui existait dans le Sud. Dans son autobiographie, *Black and Conservative*, après Booker T. Washington, le Noir conservateur le plus connu dans la première partie du vingtième siècle, George S. Schuyler, journaliste au *Pittsburgh Courrier*, rapporte :

Depuis le début de cette prétendue révolution [...], j'ai tenu la même position, dans mes éditoriaux et dans mes chroniques. Je me suis opposé à toutes les marches sur Washington et autres manifestations de masse ; les reconnaissant comme autant d'instruments au service de l'agitation, de l'infiltration et de la subversion communiste. Elles étaient invariablement proposées, incitées, gérées et dirigées par des agitateurs collectivistes professionnels, dont le seul intérêt pour les travailleurs était leur exploitation. [...] J'avais, constamment, pendant quarante ans, averti les Noirs que leurs misères ne pourraient en aucune façon être soulagées par l'action de masse, la provocation, et la désobéissance civile. Toute [...] dénonciation des Blancs était futile et créerait simplement ce que les Noirs ne pouvaient se permettre d'avoir, c'est-à-dire, plus d'ennemis.[2]

Schuyler craignait l'épuration ethnique :

Ma position était et demeure qu'aucune de ces situations déplorables n'a été remédiée par des attaques contre les Blancs et contre la structure du pouvoir blanc [...] En défendant leur position, les soi-disant porte-parole noirs ont contribué

---

2. George S. Schuyler, <u>Black and Conservative. The Autobiography of George S. Schuyler</u>. (New Rochelle, New York : Arlington, 1966). 341-342.

davantage à l'augmentation des conflits raciaux que le Ku Klux Klan. [...] Ne me faisant aucune illusion sur le compte des Blancs, je crains depuis longtemps que cet accroissement de l'hostilité raciale, exacerbée par les stratégies d'inspiration communiste des agitateurs noirs, ne mène à une guerre civile qui, elle-même, mènerait sans aucun doute à un génocide. [...] Je n'ai pas oublié que le gouvernement américain avait enfermé plus de 100 000 Américains d'origine japonaise dans des camps de concentration, il y a à peine vingt-quatre ans.[3]

À la fin de la Reconstruction, toutes les branches du gouvernement affichaient un manque d'intérêt délibéré pour les Noirs. L'obstruction parlementaire du Sud démocrate et des républicains entrava nombre de propositions de lois favorables à la participation politique des Noirs. Entre 1910 et le milieu des années trente, l'agitation, par le biais de la presse, était la forme dominante de l'activité politique chez les Noirs. La NAACP avait développé une campagne d'éducation et de propagande, pour gagner l'opinion publique à sa cause.[4] Entre les années trente et cinquante, le litige était son activité de prédilection. La NAACP cherchait à restaurer les droits civils des Noirs grâce à des procès majeurs.[5]

---

3. Idem, 344-345.
4. Ralph C. Gomez et Linda Faye Ralph C., From Exclusion to Inclusion. The Long Struggle for African American Political Power. (Wesport, Connecticut : Praeger, 1992). 99.
5. Idem, 99.

La lenteur des réformes avait encouragé l'expression d'un fort mécontentement dans la communauté noire. L'urbanisation ainsi que la migration du Sud vers les centres industriels du Nord, juste avant la Première Guerre mondiale et après la Seconde, avaient contribué à définir chez les Noirs une conscience sociale et une identité politique. Les protestataires se recrutaient parmi les esprits sensibles aux contradictions qui minaient leur existence dans un contexte de démocratie et de prospérité qu'ils ne partageaient pas. L'agitation de la fragile petite et moyenne bourgeoisie noire provoqua le réveil et l'action organisée des masses laborieuses.

Les protestataires étaient motivés par un climat politique changeant. En février 1948, le président Truman ordonnait l'élimination de la ségrégation dans les transports publics entre les états, l'établissement permanent d'une commission sur les droits civils, la proscription du lynchage, le rejet de l'impôt de capitation (*poll tax*) et la fin de la ségrégation dans l'emploi fédéral et dans l'armée ; en fait, il y imposa le principe d'une égalité de traitement et des chances, sans considération de la race, de la couleur, de la religion ou de l'origine nationale.[6] La présidence de Truman avait préparé le terrain pour la seconde Reconstruction qui devait commencer sous Eisenhower, accélérer sous

6. C. Vann Woodward, The Strange Career of Jim Crow. (New York: Oxford UP., 1974) 136.

Kennedy et porter ses fruits sous Johnson. Entre le milieu des années cinquante et soixante, la forme d'activité politique dominante chez les Noirs devait être les manifestations de masse, le boycottage et les sit-in.

La loi de 1965 donna aux Noirs une mesure de pouvoir politique. En 1941, trente-trois élus noirs étaient actifs dans les coulisses du pouvoir fédéral. En 1965, il y en avait deux cent quatre-vingts, en 1968 presque mille. De ceux-ci, un était sénateur, neuf représentants, plus de cent cinquante membres de divers corps législatifs dans vingt-sept des cinquante États. Le reste était élu à différentes fonctions allant de conseiller municipal à maire d'une grande ville. En 1989, il y avait plus de 7,226 élus noirs. De nos jours, des Noirs sont élus à toutes les fonctions gouvernementales, y compris la présidence. Barack Obama a été élu président des États-Unis en novembre 2008, puis réélu en novembre 2012. Thurgood Marshall a été élevé en 1967 à la Cour suprême en qualité de juge par le président Johnson. Le premier gouverneur noir américain, Douglas Wilder de la Virginie, fut élu en 1990. La première femme noire et la deuxième personne de race noire depuis la Reconstruction à siéger au Sénat, Carol Moseley Braun, fut élue en novembre 1992. Les gains politiques sont conséquents.

À cause des nécessités de la guerre, des réglementations antidiscriminatoires et de la pression exercée par les Noirs eux-mêmes, des portes s'ouvrirent. En 1940, le syndicaliste, A.

Philip Randolph, président de la *Brotherhood of Sleeping Car Porters*, et Walter White, président de la NAACP, avaient obtenu des concessions de président Roosevelt en agitant la menace d'une marche de 50 000 Noirs sur Washington. Pour l'éviter, Roosevelt promit la promulgation d'un ordre exécutif qui allait mettre fin à la discrimination légale dans l'industrie de la défense et dans l'administration fédérale. Le 25 juin 1941, il signa l'ordre exécutif n° 8802. Celui-ci imposait aux industries de la défense de s'abstenir de toute discrimination de race, de religion, de couleur ou d'origine nationale dans le recrutement de leur main-d'œuvre et créait une commission chargée d'assurer des pratiques d'emploi équitables (*Committee on Fair Employment Practices*). Deux ans plus tard, un nouvel ordre exécutif obligeait tous les industriels titulaires de contrats de sous-traitance pour fournitures destinées à la défense de renoncer à toute discrimination basée sur la race. Grâce à ses ordres exécutifs, plus d'un million de Noirs purent trouver un emploi. Le nombre des ouvriers qualifiés augmenta. Bien qu'ils demeurent en deçà de ceux des Blancs, les revenus noirs augmentèrent aussi. Au fur et à mesure que la population noire s'urbanisait et obtenait des emplois qualifiés de toutes sortes dans le secteur privé ou dans la fonction publique, la petite classe moyenne noire se développait.[7]

---

7. E. Franklin Frazier, <u>Black Bourgeoisie</u> (New York: Collier, 1962) 141.

Les ordres du président Roosevelt pendant la Seconde Guerre mondiale et la croissance économique de l'après-guerre furent à l'origine du développement de la classe moyenne noire.[8] Pendant l'agitation des années 1960, la petite bourgeoisie noire continuait de se développer.

Les économistes James Smith et Finis Welch mettent l'accroissement du salaire des Noirs entre 1940 et 1960 sur le compte de leur migration massive du Sud vers le Nord, des régions pauvres vers les régions riches.[9] Au Nord, l'effort de guerre et l'industrie qui l'alimentait furent responsables de l'évolution sociale positive d'une main-d'œuvre noire non spécialisée d'origine rurale. Pendant les années soixante-dix, l'Action affirmative devait amplifier cette évolution en facilitant l'obtention de centaines de milliers d'emplois.[10]

Les conservateurs noirs sont apparus dans les années quatre-vingts comme des bénéficiaires directs de l'agitation et de la politique dite libérale des années soixante et soixante-dix. Cependant, ils sont généralement peu satisfaits des retombées politiques, économiques et sociales de cette période déterminante de leur destin personnel. Ils jugent les stratégies politiques des organisations

8. Vann C Woodward, The Strange Career of Jim Crow (New York: Oxford UP., 1974) 130.
9. James P. Smith et Finis Welch, Race Differences in Earnings (Santa Monica, California: The Rand Corporation, 1978) 15.
10. Manning Marable, Race, Reform, and Rebellion. (Jackson : UP. of Mississippi, 1991) 202.

civiques inadéquates et incapables de produire le réel décollage économique des Noirs.

En filigrane de cette discussion du conservatisme noir se trouve le concept de 'libération noire.' Convaincre les Noirs que les organisations civiques, au lieu de faciliter une libération authentique, auraient livré les Noirs pieds et poings liés à la merci de l'État, c'est poursuivre une guerre idéologique dont la seule fin est d'offrir le vote noir au parti républicain afin d'assurer son hégémonie.

Les conservateurs, depuis Booker T. Washington, font la promotion d'une préférence stratégique pour l'activité économique, l'acquisition et l'accumulation des richesses, comme voie royale vers l'égalité sociale. La prospérité matérielle devrait mener à cette égalité tant désirée. Les nouveaux conservateurs noirs, ceux qui ont émergé après la lutte des années soixante et qui dans une large mesure ont bénéficié de ses retombées, loin de remettre en cause le bien-fondé de cette lutte elle-même, comme le faisaient les Noirs conservateurs d'antan, remettent désormais en cause, au nom de l'indépendance économique, la direction prise dans les années soixante-dix par les organisations qui l'ont encadrée.

Lorsque Ronald Reagan fut élu à la présidence en 1980, la majorité des Américains accueillirent ce changement avec satisfaction. La communauté noire, dans son ensemble, déplorait le résultat des élections. Reagan était conscient de son manque de popularité auprès des Noirs.

Depuis la défaite, en 1976, du président républicain Gerald Ford, candidat à sa propre réélection face au démocrate Jimmy Carter, l'importance du vote noir s'est fait sentir dans les rangs républicains.

Juste après la Guerre de Sécession, les Noirs s'étaient naturellement alignés derrière le parti de Lincoln. Entre 1869 et 1877, seize Noirs du Sud, tous républicains, avaient servi au Congrès : deux au Sénat et quatorze à la Chambre des représentants. Dans le Sud, au niveau local, des milliers de républicains noirs avaient rempli des fonctions politiques. Dans la Caroline du Sud, par exemple, Robert Brown Elliot, fut élu procureur général de l'état.[11] En Louisiane, P.B.S. Pinchback fut gouverneur par intérim pendant trente-six jours.[12] Les républicains noirs furent actifs dans l'établissement des premiers systèmes d'éducation publique du pays et œuvrèrent afin d'assurer aux affranchis un droit à la terre.

Le parti républicain fut responsable des treizième, quatorzième et quinzième amendements à la Constitution qui garantissaient respectivement aux Noirs, la liberté, la citoyenneté et le droit de vote. En 1866, il fit voter la première loi sur les droits civils. Néanmoins, les progrès politiques de d'après la guerre de Sécession devaient être de courte durée.

---

11. Leon Litwack et August Meier, <u>Black Leaders of the Nineteenth Century</u> (Urbana & Chicago : U. Of Illinois P., 1988) 203.
12. Eric Foner, <u>A short history of Reconstruction</u>. (New York : Harper & row, 1990) 151.

L'avènement de Rutherford B. Hayes à la présidence en 1877 vint contrarier les progrès accomplis. Afin de gagner le soutien du Sud, lors de sa campagne présidentielle, Hayes promit de retirer les troupes d'occupation nordistes chargées de veiller à la bonne marche de la Reconstruction dans le Sud. Cette action livra les Noirs à la merci des démocrates ségrégationnistes du Sud.

Pendant les années qui suivirent, toute participation politique des Noirs dans le Sud fut pratiquement éliminée, alors même que les quelques Noirs du Nord continuaient de voter et de manifester librement leur soutien à un parti républicain de plus en plus distant. Ce ne fut qu'au cours des années trente que l'on assista à un revirement de situation. La Grande Dépression, la popularité du président démocrate Franklin Delano Roosevelt et l'indifférence républicaine furent les raisons les plus évidentes de la défection des Noirs du parti républicain. À part un bref intervalle dans les années cinquante, pendant lequel ils votèrent massivement pour le candidat républicain à la présidence, Dwight Eisenhower, il en était fini de la loyauté aveugle des Noirs envers le parti de Lincoln.

Les années soixante confirmèrent le départ massif des Noirs du parti républicain. La 'stratégie Sudiste' d'un sénateur de l'Arizona, Barry Goldwater, y était pour quelque chose ; il avait fait campagne pour la présidence contre le démocrate Lyndon B. Johnson. Celui-ci remporta les élections et fut connu pour la lutte contre la pauvreté (*War on Poverty*) qu'il initia au sein du programme nommé la 'Grande Société'. Pendant sa campagne, Goldwater avait encouragé le parti républicain à abandonner les Noirs et à se concentrer sur le vote traditionnellement démocrate des Blancs du Sud. Bien que cette stratégie ne parvînt pas à lui assurer la présidence, elle réussit à donner au parti républicain une base plus large chez les Blancs du Sud.

Beaucoup des Noirs républicains de ces dernières années ne ressemblent en rien à leurs ancêtres de la Reconstruction. Le parti républicain de nos jours ne ressemble en rien, non plus, à ce qu'il fût. Interventionniste, il favorisait une forte centralisation du gouvernement à l'image du parti démocrate sous la présidence de Franklin Roosevelt.

De ses débuts jusqu'à la Première Guerre mondiale, le parti républicain était le plus progressiste des deux principaux partis sur la question raciale. Le parti démocrate, avec tous ses Sudistes, était le plus conservateur, le moins disposé au changement. De nos jours, le G.O.P. est le plus conservateur des deux partis, certainement à cause de la forte clientèle sudiste qu'il a réussi à enlever au parti démocrate. Il semblerait qu'en politique américaine, la division idéologique la plus nette reste entre le Nord et le Sud.

Lincoln et son acte d'émancipation avaient fait des Noirs des républicains. Dès 1868, ils avaient été d'ardents électeurs républicains, avant de se voir progressivement et puis subitement privés de leur droit de vote en 1875, dans un Sud solidement démocrate. Ce n'est qu'en 1936 que les Noirs quittèrent en masse le parti républicain pour le parti démocrate. La majorité de ceux qui jouissaient du droit de vote dans le Nord avait soutenu la réélection de Franklin Delano Roosevelt.

Le mouvement des Noirs vers le parti démocrate devait se poursuivre sous Harry Truman et s'achever avec Lyndon Johnson. C'est le libéralisme réformiste de Franklin Roosevelt qui fut responsable de cette transfusion massive. Les programmes d'assistance de son New Deal réussirent à mitiger la grande pauvreté au cours des années trente. Roosevelt n'avait pas hésité à intervenir dans l'économie et à mobiliser les ressources de l'État pour pallier les effets de la crise.

La nouvelle allégeance des Noirs au parti démocrate n'était pas tant le résultat d'une conversion idéologique, que d'une reconnaissance empirique de l'impact salutaire que le libéralisme réformiste avait eu sur leur vie quotidienne. C'est dans le camp libéral qu'aujourd'hui la grande majorité se retrouve. Cette évolution a donné comme résultat un renversement du rôle traditionnel des deux partis. Le parti du pouvoir blanc était devenu, au plan national, le champion des droits du Noir, alors que le parti de l'émancipation était dorénavant libre d'établir des alliances dans le

Sud avec les leaders désabusés de la cause du pouvoir blanc.[13]

Après la défaite de Ford, Reagan, lors d'un discours prononcé en 1977, identifia ce qu'il considérait être un échec majeur du parti : son incapacité à attirer le vote noir. Il était temps pour le parti républicain de dire aux électeurs noirs : Écoutez, nous offrons des principes que les Noirs américains peuvent soutenir. Nous favorisons la création d'emplois ; nous croyons en un système d'éducation digne de ce nom ; nous croyons que chaque Américain doit être traité comme un individu à part entière, et non comme le représentant d'un groupe. Il est grand temps que l'Amérique noire et le parti républicain se rapprochent et créent une situation dans laquelle aucun vote noir ne pourra plus être considéré comme acquis ou à jamais perdu.[14]

Déjà en 1939, le politologue noir Ralph Bunche, crée un plan, un schéma directeur, pour aider le parti républicain à retenir les Noirs. Suite à chaque défaite républicaine, des plans similaires sont dressés. Après la cuisante défaite de Barry Goldwater en 1964, puis pendant les années soixante-dix à deux mille.

William Safire, l'auteur des discours de Nixon, remarqua juste après la défaite républicaine de 1976 que le parti républicain se

---

13. C. Vann Woodward, <u>The Strange Career of Jim Crow</u> (New York : Oxford UP., 1974) 129.
14. Cité dans "Republicans Hope to be Born Again", <u>Minneapolis Spokesman</u> (7 avril 1977).

voyait là offert une chance d'améliorer ses relations avec les Noirs : les questions économiques ont remplacé les droits civils comme préoccupation principale de nombre de Noirs. Au fur et à mesure qu'ils grimpent l'échelle sociale, ce dont ils sont privés devient plus important que ce qui leur est acquis, et les supplications républicaines reçoivent un écho positif chez eux.[15]

La direction du parti républicain, en la personne de Bill Brock, ancien sénateur du Tennessee devenu en 1977 le président du parti, allait confirmer une des nouvelles priorités républicaines : la reconquête du vote noir. Il déclara : « Fondamentalement, je désire voir ce parti gagner le soutien de la communauté noire afin de lui fournir une alternative honnête et réaliste. La vitesse à laquelle cette communauté se prévaudra de cette chance, dépendra de l'efficacité de nos efforts. »[16]

En 1977, Bill Brock engagea une compagnie de consultants politiques noirs, *Wright-McNeill and Associates*, pour l'aider à accroître le nombre des républicains chez les Noirs. Ce but devait être réalisé grâce au recrutement de candidats généreusement subventionnés par le *National Republican Committee*. Également en 1977, une organisation indépendante de la direction du parti républicain

---

15. William Safire, "Black Republicans", <u>New York Times</u> (21 février 1977).
16. Cité dans Lucius Barker et Jesse McCorry, Jr., <u>Black Americans and the Political System</u> (Boston : Little, Brown, 1982) 216.

émergea, le *National Black Economic and Political Action Committee.* Son but était aussi de recruter de potentiels candidats noirs et républicains et de leur offrir son assistance.[17]

Malgré ses avances et ses efforts, beaucoup de Noirs continuaient de considérer le parti républicain comme un refuge pour les racistes, les affairistes et des personnes de couleur suicidaires.[18] Plus que des droits civils, c'est des questions économiques que l'électorat noir se préoccupait en 1980, et c'est par ce biais que Reagan entendait accaparer ses voix. En dépit de ses espoirs, son échec fut incontestable. Ce vote devait rester hors de la portée des républicains. En 1980, seulement 8% de l'ensemble des Noirs se disaient républicains, contre 81% qui, eux, se disaient démocrates.[19] Une infime minorité de Noirs appuya la candidature de Ronald Reagan (moins de 10%).

Quatorze ans plus tard, en 1994, 9% des Noirs se disaient républicains, contre 81% qui, eux, se disaient encore démocrates. 8% se disaient indépendants, et 1% apolitique. 43% des Blancs se disaient démocrates contre 46 % de républicains. Plus d'hommes (46%) que de femmes (37%) se disaient républicains. 50% de l'électorat républicain avaient fréquenté un établissement d'enseignement supérieur, 34%

---

17. Idem.
18. "Political Parties Ignore Black Voters' Needs", <u>Detroit News</u> (12 mars 1978).
19. Paul R. Abramson, John H. Aldrich et David W. Rohde, <u>Change and Continuity in the 1980 Elections</u> (Washington : Congressional Quarterly Press, 1982) 165.

avaient obtenu un diplôme au lycée, et 24% n'avaient bénéficié que d'une instruction rudimentaire. En revanche, 43% de l'électorat démocrate avaient fréquenté un établissement d'enseignement supérieur, 51% avaient obtenu un diplôme au lycée, alors que 59% n'avaient bénéficié que d'une instruction rudimentaire.[20]

Certes, le conservatisme républicain n'attire encore qu'un nombre restreint de Noirs, mais la proportion de ceux-ci ne cesse d'augmenter. Si les chiffres du Statistical Abstract of the United States sont justes, le parti républicain serait principalement un parti d'hommes blancs. Les quelques conservateurs noirs qu'on y retrouve ont la distinction d'avoir bénéficié d'une éducation universitaire poussée, souvent dans les établissements de l'élite, d'être, dans leur grande majorité, de sexe masculin et de disposer de revenus cossus qui les placeraient bien au-dessus de la moyenne nationale.

Sous Reagan, l'intérêt affiché des républicains pour les Noirs semblait d'autant plus ironique quand l'on savait qu'à la fin des années quatre-vingts, en conséquence de la politique républicaine, la différence entre les revenus moyens des familles noires et ceux des familles blanches était plus grande qu'à aucun autre moment depuis les années soixante.[21] Néanmoins, un petit nombre de Noirs profita de

---

20. Statistical Abstract of the United States 1997. Government Printing Office, 1997. 287. Voir annexe.
21. Kevin Phillips, The Politics of Rich and Poor (New York : Basic Books, 1990) 207.

la politique reaganienne : ceux qui étaient déjà riches. Pour la majorité des Noirs, le progrès sous Reagan resta un mirage. Elle aurait plutôt accumulé un retard considérable dans sa course vers la parité économique, et le fossé entre les Noirs des classes supérieures et ceux des classes inférieures n'a cessé, lui aussi, de se creuser.

Les nouveaux conservateurs noirs se retrouvent aujourd'hui essentiellement dans le parti républicain. La plupart d'entre eux, dans les années soixante, auraient rejeté tout amalgame avec ce parti. Ils étaient soit solidement démocrates, dans la tradition de Franklin Delano Roosevelt, soit marxistes, ou encore nationalistes hurlant à tue-tête le slogan de *Black Power*. Thomas Sowell, le chef de file du conservatisme noir actuel, était marxiste.[22] Shelby Steele était un sympathisant du Pouvoir Noir, comme l'était aussi Glenn Loury. Robert L. Woodson était un démocrate libéral, actif au sein du National Urban League.

Que s'est-il donc passé entre la fin des années soixante et soixante-dix ? Qu'est-ce qui a pu motiver un retournement idéologique aussi radical chez des individus que le contexte de l'époque (la guerre du Vietnam et l'agitation politique sur les campus et ailleurs) prédisposait à l'insatisfaction, à la désobéissance civile et à la révolte ? Les conservateurs noirs devaient leur bonne fortune au parti démocrate. Ils n'ont

---

22. Thomas Sowell, <u>Black Education : Myths and Tragedies</u> (New York : McKay, 1972) 49.

pourtant pas hésité à rejeter le libéralisme démocratique et le progressisme, afin de se tourner vers le conservatisme et le parti républicain pour protéger leurs nouveaux privilèges.

3. Noirs Conservateurs ou Conservateurs Noirs

Le conservatisme n'est pas l'apanage du parti républicain mais, de nos jours, il lui donne son cachet. Nombre de républicains ne sont pas conservateurs, et nombre de démocrates se disent conservateurs. Le conservatisme est une indulgence de l'esprit qui affecte l'individu indépendamment de son affiliation politique. Cependant, il a une affinité toute particulière pour le parti républicain, tout comme le libéralisme dit de gauche ou progressiste à une affinité toute particulière pour le parti démocrate. Sur les questions sociales comme le mariage homosexuel et l'avortement, les Noirs ont tendance à être conservateurs. Quand les questions raciales ne sont pas concernées, la pensée politique noire reflète l'influence conservatrice des églises.

Il est tentant de conclure qu'un conservateur noir n'est ni plus ni moins qu'un simple conservateur. Sur ce point, les conservateurs noirs eux-mêmes ne sont guère d'accord. Pour Robert L. Woodson, le président du *National Center for Neighborhood Enterprise*, les conservateurs noirs ne se sont pas définis d'une manière positive. Trop parmi eux ont été des « moi aussi » conservateurs qui se contentent de faire écho aux opinions des conservateurs blancs et à leurs positions contre l'Action affirmative et l'assistance sociale.[23] James L. Robinson, auteur noir conservateur, adopte, lui, la position inverse :

Les conservateurs noirs ont des opinions quelque peu différentes de celles des conservateurs blancs. Ils s'opposent à l'Action affirmative non pas parce qu'ils la considèrent comme du racisme à l'envers, raison pour laquelle la plupart des conservateurs blancs s'y opposent, mais parce qu'ils considèrent qu'elle sape les ressources morales dont les Noirs ont besoin pour rejoindre le courant dominant de la société américaine. Les conservateurs noirs rejettent les préférences fondées sur l'appartenance de groupe parce qu'elles encouragent les Noirs à se tourner vers les largesses du gouvernement plutôt que de dépendre de leur initiative personnelle. L'intégration est un avantage incertain qui a contribué à la faillite de nombreuses entreprises noires, et a ainsi miné l'esprit d'entreprise et l'indépendance des communautés noires. Les conservateurs noirs clament haut et fort que les politiques sociales et l'état providence, enseignent la dépendance. Ils ont un faible pour

---

23. Robert L. Woodson, "Conservatives have lost battle of public perception," Headway (Mai 1996) 8.

le nationalisme noir et s'opposent au busing, non pas parce qu'il détruit les écoles de quartier, mais parce que cette politique présuppose que les écoles noires sont forcément inférieures.[24]

Une grande part de la réflexion de ces conservateurs porte sur la question noire aux États-Unis. Le produit de cette réflexion génère un fort enthousiasme dans les rangs républicains. Les conservateurs noirs sont mis au pilori par la presse libérale et les activistes noirs de gauche parce qu'ils épousent des positions diamétralement opposées aux intérêts de leur propre communauté. Les conservateurs noirs rejettent la notion que la race conditionnerait la pensée, ils rejettent l'essentialisme racial, et par-dessus tout, l'appel à la loyauté raciale. Ils affirment qu'un silence glacial a été jeté sur la culture néfaste des communautés noires pauvres par des intellectuels et des activistes qui craignent qu'en soulevant des questions morales, on risque de jouer le jeu des ennemis de leur communauté. Les conservateurs maintiennent que le racisme et la discrimination n'expliquent pas la pauvreté. Pour argumenter, Thomas Sowell fait référence à la communauté antillaise dont le salaire annuel moyen, en dépit de la discrimination qu'ils subissent également, dépasse celui des Noirs américains et les Asiatiques dont le salaire annuel moyen dépasse largement celui des

---

24. James L. Robinson, <u>Racism or Attitude?</u> (New York : Insight, 1995) 214-215.

Blancs.

Les conservateurs noirs manifestent une tendance marquée à romancer le passé quand ils affirment que, pendant l'ère ségrégationniste jusqu'à la veille des victoires civiques, la communauté noire et ses institutions se portaient mieux qu'elles ne se portent de nos jours. Le commerce ethnique était florissant, produisant quelques millionnaires comme madame C. J. Walker (célèbre pour ses produits de beauté), et les familles noires étaient relativement stables. En évacuant le racisme et la discrimination comme des causes importantes de la pauvreté chez les Noirs américains, ils rendent les déficiences culturelles et le déclin de l'éthique protestante du travail responsables de l'émergence de la sous-classe.' Les politiques de traitement préférentiel, fondées sur la race, ne profiteraient qu'à ceux qui en ont le moins besoin, et pour cela ils préfèrent préconiser des stratégies non raciales d'amélioration du statut de la minorité noire. En bref, ils s'opposent à l'Action affirmative, aux programmes d'assistance gouvernementale pour les pauvres, au salaire minimum et à toute polarisation raciale réelle ou perçue, dues au chauvinisme ethnique.[25] Les conservateurs noirs considèrent la législation en faveur des minorités, non seulement coûteuse, mais mal avisée.

Gwen Daye Richardson, la rédactrice en

---

25. Voir Walter E. Williams, The State Against Blacks (New York : MacGraw-Hill, 1982).

chef du magazine Headway, une conservatrice noire, déclare qu'il y a autant de définitions du conservateur qu'il existe de conservateurs, et la plupart des conservateurs, aujourd'hui, diraient qu'ils croient davantage dans l'individu que dans le gouvernement. Ils croient aussi que le gouvernement devrait vivre selon ses moyens : -qu'il devrait y avoir une protection sociale pour les déshérités, mais pas une protection qui mènerait à la dépendance ;

-que le système de libre-entreprise est le meilleur moyen d'assurer à chacun, à long terme, des chances de réussite ;

-que l'Amérique devrait maintenir une défense forte afin d'assurer la paix et la liberté dans ses frontières.[26]

De leur point de vue, mieux que l'action gouvernementale, les structures de médiation (la famille, l'église, les associations de quartiers, les écoles), l'auto-assistance, un retour à l'éthique protestante du travail, la responsabilité personnelle, l'épargne et la patience pourront aider les groupes minoritaires à améliorer leur statut économique. Ils sont gradualistes. Contrairement aux organisations civiques de défense des Noirs, ils ne croient pas en l'agitation politique, désirent déréglementer l'économie de marché, préserver et renforcer les institutions capitalistes. Ils souhaitent voir l'individualisme triompher partout, et propager eux-mêmes

---

26. Gwen Daye Richardson, "Defining conservatism," Headway (Mai 1996) 6.

l'évangile de la richesse (*Gospel of Wealth*) et du capitalisme noir dans les recoins de l'âme noire.

Le conservatisme est une philosophie de résistance au changement. Il exprime une vive nostalgie pour un passé censé avoir été meilleur. Un de leurs thèmes favoris est la défense des traditions, la volonté de maintenir les coutumes et les institutions éprouvées par le temps. Les traditions donnent à l'individu une identité, un sentiment de stabilité et d'appartenance. Le changement effraie. Le maintien de la loi et de l'ordre est aussi un de leurs thèmes, ainsi que la défense de la famille traditionnelle, la religion, le patriotisme, la moralité, l'autorité, la hiérarchie, et la propriété. Pour eux, l'égalité sociale est une impossibilité.

Ils ont de la liberté une conception toute personnelle ; c'est de leur propre liberté qu'ils se font les défenseurs, car ils n'hésitent pas à limiter celles des autres au nom de l'idée qu'ils se font de la moralité. La patriarchie constitue un aspect important de leur conception morale du monde. Ils ne reconnaissent aux minorités sexuelles que des droits limités, rejettent le féminisme et le droit des femmes à contrôler leurs choix reproductifs.

Headway résume la philosophie politique des conservateurs noirs en huit points[27] :

1. L'unité familiale. Le pilier de toute société stable est avant tout une famille unie et

---

27. Ces huit points apparaissent sur le revers de toutes les copies de ce magazine paru en 1996.

forte. Le mariage est essentiel.

2. La responsabilité individuelle. Tous les êtres humains sont dotés d'intelligence et de libre arbitre. Ces dons naturels nous sont accordés avec l'obligation d'assumer pleine responsabilité pour nos actions.

3. La Libre-Entreprise. L'Amérique est le pays qui a le mieux réussi à développer un système de libre-entreprise permettant la mobilité sociale. Le renforcement d'un tel système garantit une économie prospère.

4. Un gouvernement limité. La taille et l'influence du gouvernement à tous les niveaux doivent être minimisées afin de garantir la liberté individuelle. Le gouvernement ne devrait remplir que certaines fonctions limitées, telles que le maintien d'une défense nationale forte ; nous ne devrions pas attendre qu'il résolve tous nos problèmes.

5. Une défense nationale forte. Bien qu'il ne soit pas du ressort des États-Unis de faire la police partout dans le monde, les menaces à l'encontre des personnes et des intérêts américains ne peuvent être tolérées.

6. Une approche locale à la résolution des problèmes. Plutôt que de se tourner vers le gouvernement fédéral pour la résolution de problèmes locaux, tels que la criminalité et l'enseignement, des solutions devraient être développées dans les communautés mêmes.

7. Plus de bon ton et de bon sens dans la culture populaire. Le niveau de violence, la promiscuité sexuelle et les comportements immoraux à la

télévision, dans les films et dans les textes des chansons devraient être censurés pour limiter leur influence néfaste sur la société, et en particulier sur les jeunes.

8. Un conservatisme à visage humain. Alors que nous soulignons l'importance de la libre-entreprise et d'un gouvernement limité, il est important aussi de reconnaître notre responsabilité, en tant que société, d'aider ceux qui s'aident eux-mêmes, et ceux qui, indépendamment de leur volonté, sont incapables de se débrouiller seuls.

Les conservateurs noirs s'accordent pour dire que la préférence donnée aux minorités dans l'admission à l'université est avilissante, d'autant plus qu'elle n'est pas nécessaire ; les bourses d'étude réservées aux Noirs sont insultantes et devraient être éliminées ; la décision de la cour suprême dans le cas de *Brown versus Board of Education* postulant que pour recevoir une bonne éducation, les Noirs doivent être intégrés aux écoles blanches, est arrogante et condescendante. Les lois sur la déségrégation scolaire étant fondées sur une théorie raciste de l'infériorité intellectuelle noire. Des résultats scolaires insatisfaisants sont le produit de la négligence des parents et d'un état providence répressif qui récompense les jeunes, même lorsqu'ils arrêtent de fréquenter l'école.[28]

Au sein du parti républicain, le rôle des

---

28. Mark Megalli, "The High Priests of the Black Academic Right" Journal of Blacks in Higher Education (30 septembre 1995) 71.

conservateurs noirs se résume à mobiliser les Noirs derrière des mots d'ordre et une politique conservatrice. Le conservatisme noir contemporain est la fabrication du parti républicain. Les conservateurs et le parti républicain, dans le cadre de leurs efforts pour former une nouvelle majorité politique, ont sollicité le soutien de groupes issus de minorités raciales et ethniques. Leur plus grande réalisation, et à ce jour la mieux réussie, fut la création d'un mouvement politique conservateur noir distinct.[29]

Cette fabrication du parti républicain est en train de se développer en mouvement quasi autonome. De plus en plus, les conservateurs noirs posent problèmes aux différentes factions du parti républicain. En refusant le racisme banalisé courant dans ce parti, ils le forcent à repenser leurs engagements et à redéfinir leur message de façon plus inclusive. C'est avec un certain malaise que la direction du parti républicain poursuit une timide politique d'inclusion.

En 1994, il y avait 24 candidats noirs républicains au congrès. En 1996, il y en avait 16. Une des raisons de ce déclin est le manque de soutien accordé par le parti aux candidats noirs. Il ne faisait rien pour gêner les candidats, mais rien également pour les promouvoir.[30]

---

29. Robert L. Woodson, "Conservatives have lost battle of public perception," Headway (Mai 1996) 8
30. Steven A. Holmes, "Outreach to Minorities Raises Some Doubts", New York Times (14 août 1996).

A la fin des années quatre-vingt-dix, l'activisme politique des conservateurs noirs faisait ressentir ses effets sur la société : le vote de Clarence Thomas à la Cour suprême, le passage de la loi interdisant l'Action affirmative dans l'enseignement supérieur en Californie sous l'impulsion de Ward Connerly (Proposition 209). Le conservatisme noir est l'expression triomphale de la réussite sociale d'un petit groupe qui prétend ne devoir sa réussite qu'à ses propres efforts.

Le conservatisme noir n'est devenu un phénomène notable qu'en 1980. Néanmoins, bien avant 1980, bien des Noirs affichaient des opinions conservatrices. Pendant les années trente, nombre de Noirs s'étaient opposés au *New Deal* de Franklin Delano Roosevelt, clamant qu'il allait transformer les leurs en pupilles de la nation.[31]

Les conservateurs noirs qui ont émergé sur la scène médiatique dans les années quatre-vingts diffèrent de leurs prédécesseurs. Les Noirs conservateurs d'avant les victoires civiques des années soixante évoluaient dans un contexte de privation du droit de vote. Ils désiraient avidement l'élimination de la proscription raciale, Jim Crow, alors que les conservateurs blancs aussi bien dans le parti démocrate au Sud que dans le parti républicain au Nord ou ailleurs s'en faisaient les défenseurs.

---

31. John B. Kirby, <u>Black Americans in the Roosevelt Era : Liberalism and Race</u> (Knoxville : U. Of Tennessee P., 1980).

Avant 1965, le vote noir était pratiquement insignifiant numériquement là où il existait, parce que exercé par une quantité infime d'individus, principalement au Nord. Jugé négligeable lors des campagnes électorales, il n'était pas convoité. Les Noirs conservateurs d'avant les victoires civiques des années soixante n'étaient que des individus isolés, que nulle faction politique ne représentait pleinement. Ceux-ci jouissaient tout de même d'un large soutien au sein de la communauté noire sous *Jim Crow'*.[32] [Jim Crow était le nom donné au système légal d'exclusion raciale qui sévissait dans le Sud entre 1880, et le début des années soixante]. Ces Noirs conservateurs cherchaient à utiliser le parti républicain pour faire avancer la cause des Noirs. Leurs intérêts personnels n'étaient pas distincts de ceux de la majorité des Noirs.

C'est dans un contexte culturel et politique qui favorisait une adhésion au concept du capitalisme noir que le conservatisme noir, en tant qu'idéologie, s'est développé. La ségrégation *de facto* et plus tard, *de jure*, aida au développement du capitalisme noir en créant les conditions de l'enrichissement des entrepreneurs qui, écartés des circuits économiques dominants, fournissaient à une communauté marginalisée les biens et les services dont elle avait besoin. Le capitalisme

---

32. Martin Kilson, "Anatomy of Black Conservatism," Transition. An International Review 59, (New York : Oxford UP, 1993) 19.

noir trouve ses origines dans le développement d'une petite élite noire, composée de propriétaires fonciers qui firent leur apparition dans le Nord juste avant la Guerre de Sécession.[33] Dès 1895, Booker T. Washington, un éducateur, se fit le chantre du capitalisme noir, jusqu'à sa mort en 1915. Il fut suivi de Marcus Garvey qui en devint le propagandiste le plus populaire dans la première partie du XXème siècle.

Une étude du conservatisme noir au XIXème siècle s'intéresserait spécifiquement aux Noirs démocrates. Le parti démocrate représentait alors le parti de l'esclavage et de la ségrégation légale. Il se trouva des Noirs pour le soutenir. Ironiquement, pendant l'ère de Booker T. Washington, le leader noir le plus conservateur n'était point Washington lui-même, mais un certain William Hooper Councill.[34] Juste après l'abolition de l'esclavage, Hooper joignit le parti démocrate dans le Nord de l'Alabama. Il y travailla en qualité de secrétaire du *National Equal Rights Convention* en 1873, et trois années plus tard, se retrouva à la tête de l'école publique pour les Noirs de Huntsville. En 1887, il se vit expulser des premières classes d'une compagnie ferroviaire à laquelle il ne tarda pas d'intenter un procès. Les gens de l'Alabama, en représailles, le démirent de ses fonctions de proviseur, et l'obligèrent à renoncer à son procès. En échange

---

33. Manning Marable, <u>How Capitalism Underdeveloped Black America</u> (Boston: South End, 1983) 140.
34. Manning Marable, <u>How Capitalism Underdeveloped Black America</u> (Boston: South End, 1983) 187.

de son renoncement à tout rôle politique au sein du parti démocrate, il retrouva son ancien poste à la tête de l'école. Une fois réintégré dans ses fonctions, il se fit l'adversaire le plus farouche de l'intégration raciale dans les lieux publics. Il exhorta les Noirs à se satisfaire de postes subalternes, en remarquant que la discrimination représentait une invitation amicale à développer des institutions parallèles. Moralement corrompu, autant qu'il l'était politiquement, en mai 1885, il fut inculpé pour le viol d'une fillette de douze ans et le meurtre de son oncle. Booker T. Washington éprouvait une vive aversion pour Councill.[35]

Les conservateurs de fin de XXème siècle se disent être les héritiers spirituels de Booker T. Washington. Dans une large mesure, ce sont les idées de ce dernier qui sont maintenant réactualisées. Pour beaucoup, Booker T. Washington était un mentor et un visionnaire pragmatique.

A la fin du XIXème siècle, la classe d'affaire noire avait épousé la philosophie du self help, auto-assistance, que Booker T. Washington préconisait, ainsi que son conservatisme. Elle s'accommodait de sa situation, dans un contexte d'exclusion raciale qui ne lui était pas complètement défavorable. La philosophie politique dominante de l'époque était l'accommodement :

---

35. Manning Marable, <u>How Capitalism Underdeveloped Black America</u> (Boston : South End, 1983) 187.

La nouvelle bourgeoisie trouvait les idées de Booker T. Washington en accord avec ses expériences et ses intérêts, et s'appropria aisément l'individualisme américain et le darwinisme social pour expliquer et rationaliser son rôle. Ce groupe était particulièrement utile à la diffusion des concepts de solidarité raciale, de self help, et de capitalisme noir, et rationalisait les avantages qu'il tirait du désavantage que représentaient la ségrégation et la discrimination. Le Negro Business League de Booker T. Washington lui servait de tribune.[36]

Les pasteurs, la presse, les banquiers, les médecins, les enseignants, les entrepreneurs en pompes funèbres, les commerçants ; tous ceux qui servaient la communauté noire étaient avantagés économiquement par le climat d'exclusion raciale. Une idéologie nationaliste, mettant l'accent sur la fierté, la solidarité et la loyauté ethnique, se développa, protégeant un marché florissant et contribuant au renforcement des liens communautaires. Le nombre des *success stories* augmenta en proportion de l'approfondissement de la proscription raciale. 'Il y eut une pleine expansion des entreprises noires après 1900.' 'Le nombre des entreprises noires était passé de 20 000 en 1900 à 40 000 en 1914. Pendant cette période, le nombre des banques noires est passé de 4 à 51 ; les entrepreneurs en pompes

---

36. August Meier, Negro Thought in America 1880-1915 (Ann Arbor : U. Of Michigan P., 1988) 156-157.

funèbres de 450 à 1000 ; les drugstores de 250 à 695; les commerces de détail de 10000 à 25000.'[37]

Dans un contexte de relative solidarité ethnique, l'élite noire devint la mesure des aspirations de la communauté noire. C'est l'idéologie du capitalisme noir, que son mode de vie élevait, qui fut adoptée sans grande résistance par la masse. Cette idéologie reposait sur une acceptation du système politique et de l'esprit du temps qui accentuait l'activité économique. Acceptation, mais aussi désir d'inclusion dans le processus démocratique, sinon désir d'assimilation. Les partisans du capitalisme noir n'avaient nullement renoncé aux droits civils ; ils considéraient plutôt que la reconquête de ces droits se ferait graduellement, suite à l'accumulation de capitaux qui, en lui prouvant sa valeur, forcerait l'Amérique blanche à intégrer le Noir pleinement dans son corps politique. Le conservatisme noir provient de cette foi dans le capitalisme noir que le sociologue Franklin Frazier qualifia de mythe social en 1957 dans son classique : Black Bourgeoisie.

Le conservatisme noir moderne est un sous-produit du néo-conservatisme. Dans les années soixante-dix le néo-conservatisme fit son apparition parmi d'anciens intellectuels juifs, démocrates et libéraux désillusionnés. Le terme

---

37. August Meier, Negro Thought in America 1880-1915 (Ann Arbor : U. Of Michigan P., 1988) 140.

néo-conservateur fut inventé par professeur Michael Harrington, le chef de file du parti socialiste américain pendant les années soixante et soixante-dix, et l'auteur de The *Other America*, dans un esprit de mépris pour des intellectuels qu'il considérait être des renégats politiques.[38]

Quand ils étaient démocrates, ils adoptaient des positions libérales modérées sur les questions de politique intérieure, mais suivaient une ligne anticommuniste très dure sur les questions de politique extérieure.[39] Plusieurs faits nouveaux motivèrent leur déplacement vers la droite. Notamment, l'évolution de l'activisme noir avec un accent sur l'égalité des chances vers un accent sur l'égalité des résultats et l'influence croissante de la nouvelle gauche au sein du parti démocrate. Avant les années soixante-dix, ceux qui allaient devenir néoconservateurs se considéraient progressistes et faisaient partie de la coalition démocrate. Ils avaient commencé leur activisme comme des défenseurs de la politique du New Deal, farouchement opposés à l'individualisme et au laisser-faire qu'incarnait le parti républicain des années vingt. Le néo-conservatisme est un mode de pensée inspiré de la désillusion pour le libéralisme contemporain.

Les premiers néo-conservateurs américains trouvaient leurs origines dans les cercles littéraires de l'intelligentsia juive de New

---

38. Irving Kristol, The Autobiography of an Idea. Neo-conservatism. Selected Essays 1949-1995. (New York : Free Press, 1995) 33.
39. Peter Steinfels, The Neo-conservatives: the men who are changing America's politics. (New York: Simon and Schuster, 1979) 2-3.

York. Leurs idées influencèrent très rapidement la réflexion d'un petit groupe d'intellectuels noirs également désillusionnés par la nouvelle direction d'un parti démocrate sous l'influence des multiples factions qui étaient venues à le définir : la nouvelle gauche, les féministes, les homosexuels, les activistes noirs... Vers la fin des années soixante-dix, le néo-conservatisme était devenu une force au sein de la nouvelle droite et dans le camp de Ronald Reagan. Ses priorités étaient la lutte contre le communisme et la promotion de la morale traditionnelle. Les néo-conservateurs donnaient au culturel la primauté sur l'économique. Pour eux, c'est du culturel que l'économique et le politique découlaient. Une lutte pour la définition de la culture américaine représentait une lutte pour l'âme de l'Amérique.

Parce qu'ils professaient un fort attachement à l'individualisme et à la méritocratie, les néo-conservateurs s'opposaient à toute action gouvernementale susceptible de rectifier les déséquilibres entre groupes, et de redistribuer les ressources économiques aux groupes subordonnés. Ils ont cependant soutenu le mouvement pour les droits civils des Noirs. L'Action affirmative causa leur aliénation. Ce sont les néo-conservateurs, par le biais de Daniel Patrick Moynihan, qui popularisèrent la thèse de la désintégration de la famille noire américaine. Ils construisirent une pathologie raciale qui servit à dissimuler les inégalités économiques.[40]

---

40. Martin Kilson, Black Social Classes and Intergenerational Poverty.

Leur représentation de la famille noire facilita l'assaut contre l'état providence.

Leur désaffection pour le parti démocrate atteignit son paroxysme en 1976, pendant la présidence de Jimmy Carter. La présidence de Carter incarnait des valeurs qu'ils jugeaient trop à gauche. Ils jugeaient aussi sa réaction à la crise des otages américains en Iran trop molle. Pour ces raisons, c'est sans hésitation qu'ils accordèrent leur soutien à Ronald Reagan en 1980.

Pendant les années cinquante et soixante, la croissance économique était rapide. Le conservatisme était un courant déprécié et marginal, au mieux, les conservateurs étaient considérés comme des excentriques. La crise de 1974 changea tout cela. Un taux d'inflation élevé se combina à un taux de croissance bas. À la faveur de cette situation, les idées néo-conservatrices commencèrent à gagner du terrain. Le pouvoir, jugé excessif des syndicats, était tenu pour responsable de la chute de l'investissement ; leurs revendications salariales et leurs pressions sur l'État en faveur d'un accroissement de ses dépenses sociales étaient également jugées fautives. Par le biais des syndicats, le monde ouvrier tout entier était jugé responsable d'avoir entamé les marges de profit des entreprises, et d'avoir déchaîné un processus inflationniste. L'approfondissement de la récession était mis sur le dos des travailleurs.

Public Interest 58 (1981). 64

Dès lors, il fallait rompre la force des syndicats et appliquer une politique monétariste. L'État devait être frugal dans le domaine des dépenses sociales. Pour briser les syndicats et permettre à l'économie de redémarrer, une plus grande inégalité était nécessaire, il fallait favoriser la création d'une armée de réserve de salariés, permettre au chômage de croître et réduire les impôts sur les grosses fortunes ainsi que sur les bénéfices des grandes sociétés. Dans cette optique, la cupidité et les inégalités étaient salutaires, autant de sources de croissance. La hausse du chômage était conçue comme un mécanisme naturel et nécessaire pour faciliter le bon fonctionnement d'une économie de marché. La croissance devait renforcer les capitaux des possédants qui, en théorie, allaient les réinvestir dans le marché et créer de la richesse pour tous. Vers la fin des années soixante-dix, le néo-conservatisme jouissait du solide soutien financier des grandes sociétés et avait grandi en influence. Pendant les années soixante-dix, il s'était acheminé de la marge au centre du débat politique.

Le conservatisme noir, en plus d'être un sous-produit du néo-conservatisme, fut aussi grandement influencé par le 'libertarianism'. Certains conservateurs noirs bien connus comme Walter Williams, Ezola Foster et Anne Wortham se considèrent avant tout comme des 'libertarians', libertaires. Aux États-Unis, on retrouve les 'libertarians' aussi bien à gauche (Noam Chomski, par exemple) qu'à droite. Les '*libertarians*' noirs que nous venons de citer se veulent tous de droite. Le '*libertarianism*' est souvent confondu avec l'anarchisme à cause de leur plaidoyer commun en faveur d'une liberté individuelle catégorique. Les '*libertarians*' américains s'évertuent à réformer l'État afin de le plier à leurs idéaux.[41] L'institut CATO, à Washington, est le groupe de réflexion '*libertarian*' le plus important et le plus prolifique.

Parce que les '*libertarians*' conçoivent la liberté individuelle comme le bien le plus précieux, ils désirent que l'État, qui détient un pouvoir de coercition et peut, par conséquent, limiter la liberté individuelle, joue un rôle aussi minime que possible. Les '*libertarians*' s'opposent aux lois anti-trust, aux programmes gouvernementaux de protection sociale, à toute ingérence dans les affaires étrangères, à toute réglementation antipollution, à tout système d'enseignement public, et à toute limitation des flux migratoires. Contrairement aux autres factions de la droite, ils sont favorables à la légalisation des stupéfiants, à l'avortement, aux mariages homosexuels.[42] À droite, ils sont les seuls à s'opposer à ce que l'on appelle le '*Corporate Welfare*' ou l'aide de l'État au secteur privé. Contrairement aux néo-conservateurs, les

---

41 . Jean Hardisty, Libertarianism and Civil Society. The Romance of Free Market Capitalism. <u>The Public Eye</u>. Printemps 1998. Vol.XII, No. 1. 3.
42. Voir, Charles Murray, <u>What It Means To Be A Libertarian</u> (New York : Broadway Books, 1997), et David Boaz, <u>Libertarianism</u> (New York : Free Press, 1997).

'*libertarians*' veulent d'un gouvernement avachi. Pour les '*libertarians*' de droite, le gouvernement représente une conspiration maléfique dont le but est de priver chacun de son argent, de sa liberté et de son libre arbitre. Les '*libertarians*' sont tolérés au sein de la droite américaine en dépit des nombreux points de désaccord avec la faction dominante du parti républicain.

La parution en 1976 du livre de Thomas Sowell, *Race and Economics*, marqua l'émergence du conservatisme noir moderne.[43] L'avènement du néo-conservatisme redonna vigueur au conservatisme noire. Le premier à sortir de sa tour d'ivoire, celui qui de nos jours sert de référence à tous les autres, fut Thomas Sowell, économiste à l'université de Stanford en Californie, et '*Fellow*' à l'Institut Hoover, un groupe de réflexion conservateur. Il fut suivi de Walter Williams, économiste à l'université George Mason en Virginie, qui se fit connaître en publiant l'ouvrage *The State against Blacks* en 1982. Un autre économiste, Glenn C. Loury de l'université de Boston, contribua lui aussi à ce mouvement, ainsi que Shelby Steele, professeur de littérature à l'université de San José en Californie. Stephen Carter, professeur de droit à l'université de Yale, et bien d'autres ont suivi...

Les conservateurs noirs les plus visibles sont souvent des hommes. Ils jouissent d'un accès privilégié aux décideurs par le biais des

---

43. Clarence Page, Showing my Color. Impolite Essays on Race and Identity (New York : Harper Collins, 1996) 209.

fondations et des groupes de réflexion qui utilisent leurs services. La philosophie conservatrice qu'ils préconisent les a souvent aidés d'une manière intime à améliorer leur propre statut social.

La majorité des conservateurs noirs travaille dans le secteur privé et lorsqu'un républicain occupe la Maison-Blanche, beaucoup se retrouvent dans les coulisses du pouvoir. A la télévision, ils ont produit et distribué leurs propres shows : le '*Tony Brown Journal*,' présenté par Tony Brown lui-même et '*A Second Look*' présenté par Phyllis Berry Myers, une ancienne assistante du juge de la Cour suprême, Clarence Thomas. Ces programmes sont diffusés par de multiples chaînes privées, ainsi que sur la chaîne conservatrice, *National Empowerment Television*.

Il existe plus de dix-huit émissions conservatrices noires radiodiffusées au quotidien, dont celle de Ken Hamblin à Denver, Armstrong Williams à Washington, Alan Keyes à Baltimore, Mason Weaver à San Diego, Larry Elder à Los Angeles... Les conservateurs noirs publient deux magazines distribués à l'échelle nationale, '*Destiny*,' et '*National Minority Politics*,' récemment renommé '*Headway*'. Au niveau local, plusieurs parutions telles que '*Issues and Views*' à New York tentent de se faire une place sur le marché.

Les conservateurs noirs sont représentés par deux groupes de pression - deux PAC [*Political Action Committee*] à Washington, le premier fondé par William Keyes et Jay Parker, le Lincoln

Institute, et le second, BAMPAC (*Black America's Political Action Committee*) par Alan Keyes, candidat à la nomination républicaine lors des présidentielles de 1996. Ils sont aussi représentés par plusieurs organisations nationales - *Project 21* - dont le but avoué est de remplacer la NAACP, - *Minority Mainstream, BOND Brotherhood Organization of a New Destiny, National Congress of Black Conservatives, New Coalition for Economic and Social Change, The Center for New Black Leadership*, et *Daughters of Sojourner Truth*. Ils sont également représentés par plusieurs organisations locales dont, *Americans for Family Values* - fondée par une femme, Ezola Foster, ainsi que *The Coalition on Urban Affairs* - par une autre femme, Star Parker ; le *Colorado Black Republican Forum*, et le *National Center for Neighborhood Enterprise* fondé par Robert L. Woodson, Senior.[44] À travers leurs publications et leurs programmes radiodiffusés, ils réclament la mise à mort de l'état providence, exigent des réductions d'impôts, et championnent l'auto-assistance. Ils reçoivent un soutien financier salutaire de la droite.

Les administrations républicaines des années quatre-vingts avaient nommé une poignée de Noirs conservateurs à des postes clefs : Louis Sullivan, ministre de la Santé ; Alan Keyes, ambassadeur aux Nations Unies ; Clarence Thomas, juge à la Cour suprême ; William Keyes,

---

44. Cette liste n'est pas exhaustive.

Haut responsable au Département d'État ; Sam Pierce, responsable du Logement ; Clarence Pendleton, président de la Commission sur les Droits Civils [*Civil Rights Commission*] ; Colin Powell, général en chef sous Reagan et Bush.

En 1994, quelques conservateurs noirs se sont fait élire à des postes importants dans leurs États respectifs, ainsi que deux sur vingt-quatre au niveau national : Julius Ceasar Watts Jr. de l'Oklahoma fut élu représentant républicain de son État natal et le premier Noir envoyé à Washington pour le représenter. Gary Franks du Connecticut fut le premier Noir républicain élu et réélu à la Chambre des Représentants depuis 1932. Gary Franks et J.C. Watts viennent de circonscriptions en majorité blanches et conservatrices. Composées respectivement de 9 et 7% de Noirs. J.C. Watts déclara à propos de sa victoire : 'Je suis le premier républicain noir depuis la Reconstruction à être élu au Sud de la ligne Mason-Dixon. Bien que j'aie reçu un soutien très fort de la communauté noire de ma circonscription, la majorité des électeurs y sont blancs et démocrates -- de toute évidence, je n'ai pas gagné grâce à la couleur de ma peau ou bien grâce à mon affiliation politique ; j'ai gagné parce que j'avais un bon message qui a été bien reçu au-delà des démarcations raciales et idéologiques.'[45]

Gary Franks lui aussi venait d'une

---

45. J.C. Watts, "Lincoln's Legacy: The Party that Truly Believes in Giving Power to the People" <u>Rising Tide Magazine</u> (Novembre/Décembre 1995).

circonscription en majorité démocrate, blanche, et devait dire à propos de la nuit de sa victoire : « Cette nuit fut la culmination d'un rêve que tout le monde pensait irréalisable - qu'un homme noir puisse remporter une élection en faisant campagne sur les vrais problèmes dans une circonscription à majorité blanche. »[46] En 2006, les trois candidats républicains noirs en campagne, J. Kenneth Blackwell pour le poste de gouverneur de l'Ohio, Lynn Swann pour le poste de gouverneur de la Pennsylvanie, et Michael Steele pour le poste de sénateur du Maryland, n'ont reçu qu'un quart du vote noir.

Plus les Noirs intègrent la classe moyenne et s'élèvent au-dessus d'elle, plus les rangs de ceux qui se laissent séduire par le conservatisme augmentent en proportion. Les jeunes membres des professions libérales auraient souvent plus tendance que leurs aînés, à s'identifier comme conservateurs. Les ruraux aussi, plus souvent que les citadins. Les conservateurs noirs se sentent plus libres et moins redevables envers leur appartenance raciale, ils sont plus jeunes, et sont souvent aussi plus religieux que les libéraux.

Bien qu'en expansion dans la communauté noire, ils ne représentent pas un courant idéologique majeur. Cependant, ils traduisent correctement la sensibilité culturelle de cette communauté. L'opinion de Clarence Page,

---

46. Gary Franks, Searching for the Promised Land. An African American Odyssey, (New York : HarperCollins, 1996) 71.

journaliste au Chicago Tribune est ici digne d'intérêt :

« Le conservatisme résonne familièrement chez moi, comme chez la plupart des Noirs américains, je crois. Nous votons libéral [pour le parti démocrate], car le libéralisme nous a aidés à remporter nos plus grandes victoires. Mais ailleurs nous balançons vers le conservatisme.[47] »

Il est juste de dire que deux tendances principales ont toujours existé au sein de la communauté noire : une tendance intégrationniste, favorisant l'adoption des valeurs, modes de vie et de pensée dominants, et une tendance séparatiste rejetant les modes de vie et de pensée américains, refusant l'intégration au profit d'un retour aux sources africaines sublimées. Les conservateurs ont souvent et habilement su exploiter certains aspects du nationalisme noir, le concept du self help, par exemple. Pour comprendre le conservatisme noir, il faut comprendre le caractère de la bourgeoisie noire.

Les programmes qu'ils avilissent maintenant ont autrefois contribué à leur réussite professionnelle et universitaire. Dans leur grande majorité, les théoriciens grisonnants du conservatisme noir d'aujourd'hui sont issus de la classe ouvrière et ont bénéficié de l'Action affirmative ou d'une autre forme d'aide

---

47. Clarence Page, <u>Showing my Color. Impolite Essays on Race and Identity</u> (New York : Harper Collins, 1996) 213.

gouvernementale - le *G.I. Bill*. Ils voient la nécessité d'étendre les retombées de la lutte pour les droits civils à ceux qui en ont le moins profité. Cette sympathie affichée pour les déshérités reste pour eux une arme de choix dans leur opération de séduction.

L'engouement pour les conservateurs noirs provient de la déculpabilisation, de l'absolution et de la bonne conscience qu'ils procurent à leur auditoire blanc. En blâmant les Noirs eux-mêmes pour leurs problèmes, ils donnent leur bénédiction aux conceptions les plus réactionnaires. L'animateur de radio, Ken Hamblin, un conservateur noir de Denver, distribue de façon routinière des certificats d'absolution à un auditoire pénitent.[48] En présentant la bourgeoisie blanche comme un modèle suprême, ils la réconfortent.

Les conservateurs noirs adoptent une attitude antagoniste, dans leurs écrits, dans leurs discours ou sur les ondes, vis-à-vis de la culture noire. Les Noirs n'auraient aucunement contribué à la civilisation humaine. Leurs cultures seraient déficientes, leurs capacités mentales douteuses, etc. Leur salut se trouverait dans une adoption plus complète des valeurs, modes de pensée et modes de vie du groupe dominant.

Pour être sauvés, les Noirs devraient disparaître en tant que Noirs. Cette thèse fut d'ailleurs développée dans le roman satirique

---

48. Ken Hamblin, URL : http://www.hamblin.com/

d'un Noir conservateur, George S. Schuyler, *Black No More*.[49] L'abandon de leur culture, de leur spécificité, de leur style, de leur émotivité, et de leur prédilection politique (loyauté envers le parti démocrate), au profit d'une adoption des valeurs du groupe dominant, les hommes blancs anglo-saxons et protestants, devrait assurer leur assimilation dans la société américaine.

Un fossé sépare les deux communautés. Traiter les sources du racisme restera à jamais une tâche ingrate et peu désirable pour les conservateurs. Il est plus facile de nier la persistance et surtout l'impact de ce racisme. Les conservateurs noirs perçoivent le racisme comme une aberration appelée à disparaître une fois les forces du marché libres d'agir à leur guise. L'impératif de maximisation des profits libérés des limitations que lui impose une stricte réglementation gouvernementale, ferait fi des considérations pigmentaires. Le profit serait aveugle à la couleur, la seule couleur qu'il respecterait serait le vert, la couleur du dollar. Le racisme ne ferait donc pas partie de l'arsenal de domination politique, économique et culturel de l'élite industrielle et commerciale.

La branche principale du parti républicain est aujourd'hui dominée par des politiciens du Sud. Elle insiste sur la décentralisation du pouvoir fédéral, les '*state's rights*' droits des États, et voudrait que le gouvernement fédéral laisse chaque État libre de déterminer ses

---

49. George S. Schuyler, <u>Black No More</u> (New York : Negro UP., 1969)

propres priorités en matière de droits civils et d'assistance publique. Les « droits des États » demeurent une fixation chez les gens du Sud. Pendant la Reconstruction, les Sudistes militaient pour l'autonomie de l'État local afin de contrecarrer l'influence de Washington.

Les conservateurs noirs sont très utiles au mouvement conservateur dans son ensemble. Ils attestent, auprès de populations parfois incrédules, des 'bonnes intentions' du parti républicain. Ils sont noirs, éduqués, et exhortent les autres Noirs à rejeter l'Action affirmative et autres ordonnances des organisations libérales de défense des Noirs, et à adopter le capitalisme déréglementé à bras ouverts. Certains journalistes et commentateurs noirs sont courtisés et parfois soudoyés pour promouvoir telle ou telle politique conservatrice chez l'électorat urbain noir. En 2005, lorsqu'il fut révélé que le commentateur noir de Washington relayé sur les antennes de radio partout dans le pays, Armstrong Williams avait reçu la somme de $240000 dollars de l'administration républicaine de George W. Bush pour faire accepter sa politique ; il fut immédiatement congédié par le distributeur Tribune Media Services.

En retour de leurs services, les conservateurs noirs sont généreusement subventionnés et acclamés par leurs homologues blancs et les puissantes organisations que sont le *Heritage Foundation*, le *Hoover Institute* et le parti républicain. Selon les activistes de gauche et nombre de représentants de la NAACP, ces conservateurs en dépit de leurs intentions affichées, cherchent à conduire leur peuple vers une forme de suicide collectif - plus de pauvreté, plus de chômage, plus de répression, une plus grande désintégration sociale et familiale - au nom de l'opportunisme et du pragmatisme économique. Ils y gagnent reconnaissance, fortune et célébrité au sein des réseaux conservateurs.

Le 15 novembre 1996, Bill Clay, un représentant démocrate du Missouri, un des membres du Congressional Black Caucus, (l'association des membres démocrates noirs du Congrès américain), rendait public la lettre de six pages qu'il avait rédigée pour décrire et attaquer l'attitude idéologique de Gary Franks, un député sortant, noir et républicain, du Connecticut, en le traitant de 'Docteur Kevorkian noir, un paria qui aide allégrement à la destruction de sa propre race.'[50] Selon Clay, 'le but des conservateurs noirs est de mutiler et de tuer les autres Noirs pour la gratification et l'amusement des racistes blancs ultraconservateurs.'[51]

---

50. The Hill, mercredi 20 novembre 1996. 3.
51. "Where does prejudice thrive?" The Washington Times, vendredi 22 novembre 1996. A21.

4. Conflit De Visions

Thomas Sowell, aujourd'hui chef de file du conservatisme noir, était marxiste pendant les années soixante. Sous l'influence de l'économiste Milton Friedman à l'université de Chicago, il amorça son cheminement vers le conservatisme. D'autres suivirent au fur et à mesure que leur désaffection pour les programmes du parti démocrate se prononça. Les années soixante-dix furent des années charnières pour l'évolution politique de Thomas Sowell et de Walter Williams : deux piliers intellectuels du conservatisme noir. En décembre 1980, avec le *Black Alternative Conference'*, aussi connu sous l'appellation de *Fairmont Conference'* ils révélèrent publiquement leurs positions.

Pour cerner pourquoi des intellectuels, que tout éloignait du parti républicain dans les années soixante, sont venus à constituer, dans les années quatre-vingts, l'avant-garde du conservatisme noir, il faut connaître ce qui les a profondément marqués à la fin des années soixante et dans le courant des années soixante-dix. Les programmes politiques qui catalysèrent leur opposition furent l'Action affirmative, les *'minority set-asides'* ou contrats réservés aux entreprises minoritaires, le *busing*,' et l'accroissement de l'assistance publique dans le cadre du programme de guerre contre la pauvreté ; tous adoptés, sinon accentués par le gouvernement de Johnson et, après lui, de Nixon.

Quel était le but réel de l'Action affirmative ? Était-elle censée corriger les injustices du passé ? Comment jugerait-on de son échec ou de sa réussite ? Cherchait-on à atteindre une égalité de résultats ou une égalité des chances ?[52]

L'Action affirmative se voulait être une tentative d'élimination des effets de la discrimination dans l'emploi, ainsi que l'instrument d'une plus grande intégration sociale des groupes sous-représentés. Se basant sur des principes égalitaristes, elle se donnait pour mission d'assurer que la race, le sexe, la religion, les différences, ne demeurent pas des obstacles à l'emploi ou à l'accès à l'enseignement supérieur. Sa prémisse était : à moins que des mesures positives ne soient prises pour enrayer les effets de la discrimination, une simple indifférence vis-à-vis de la race (*color-blindness*) ou du sexe d'un candidat ne peut que contribuer à la perpétuation du statut quo.

En 1965, le président Lyndon Johnson fait connaître la position de son gouvernement sur l'égalité sociale entre les races à l'occasion d'un

---

52. Une égalité numérique proportionnelle ?

discours prononcé le 04 juin à Washington, sur le campus de *Howard University* :

La liberté ne suffit pas. Vous n'effacerez pas les blessures de plusieurs siècles en disant : maintenant, vous êtes libres d'aller là où vous voulez, de faire ce que bon vous semble, et de choisir les leaders que vous désirez... Il ne suffit pas d'ouvrir les portes. Tous nos concitoyens doivent avoir les moyens de les franchir. Cela est l'étape la plus importante de la lutte pour les droits civils. Nous ne cherchons pas simplement la liberté, mais des perspectives d'avenir. Pas simplement l'égalité devant la loi, mais aussi devant les compétences. Pas simplement l'égalité en théorie, mais l'égalité comme un fait et un résultat... A cette fin, l'égalité des chances est essentielle, mais ne suffit pas.[53]

Avec l'ordre exécutif 11246, lancé par président Johnson le 24 septembre 1965, la situation de l'emploi continuait de s'améliorer pour la classe moyenne noire. Elle s'améliorait déjà pour un nombre croissant de Noirs bien avant 1950. (L'expression Action affirmative fit son apparition pour la première fois dans l'ordre exécutif 10925 de président Kennedy, le 06 mars 1961). Par son ordre exécutif, le président Johnson, avant tout, obligeait toutes les branches de l'administration fédérale, ainsi que toutes les compagnies sous contrat, et toutes les entreprises privées qui recevaient des fonds

---

53. Cité dans Albert P. Blaustein et Robert L. Zangrando, <u>Civil Rights and the Black American: A Documentary History</u> (New York: Simon and Schuster, 1968) 560-562.

publics, à mettre en place des programmes d'Action affirmative pour assurer le recrutement et la promotion des membres qualifiés des groupes minoritaires. Progressivement, dans les années soixante-dix, l'ensemble des entreprises du secteur privé suivit volontairement l'exemple du gouvernement. Si elles devaient remplir les conditions requises par la nouvelle règle pour l'obtention de contrats de sous-traitance, il était de leur intérêt d'en suivre les directives. Johnson avait officiellement banni l'appartenance raciale, la religion, le sexe et l'origine nationale comme facteurs de disqualification dans l'emploi et dans l'accès à l'enseignement supérieur.[54]

Dès le 24 septembre 1965, le ministère du travail insistait sur plus que le simple recrutement et la promotion des membres qualifiés des groupes défavorisés, il insistait sur le développement d'objectifs et de délais spécifiques pour la réalisation rapide d'une égalité des chances dans l'emploi. Un manque de qualification et de compétence rendait les bénéfices de l'Action affirmative hors d'atteinte pour beaucoup. Pendant les années soixante-dix, un segment croissant de la communauté noire avait pu se prévaloir de l'Action affirmative dans la fonction publique. C'est cette fonction publique qui permit l'accélération du développement de la classe moyenne noire. La majorité des Noirs des classes moyennes et

---

54. Clint Bolick, <u>Changing Course: Civil Rights at the Crossroads</u> (New Brunswick, New Jersey: Transaction, 1988) 63.

bourgeoises occupe des postes administratifs.

Nombre d'administrateurs de l'enseignement supérieur affichaient la volonté de recruter des étudiants noirs pour leurs universités. Des bourses d'études spéciales furent créées. Alors que le nombre des étudiants noirs augmentait dans les écoles blanches, les universités noires se dépeuplaient. Alors que le niveau d'instruction d'un plus grand nombre de jeunes noirs s'élevait, le rejet de l'Action affirmative se faisait plus bruyant chez les conservateurs. Parce que l'Action affirmative plaçait la responsabilité de la réparation des injustices du passé sur la société entière, elle suscita l'hostilité de conservateurs peu enclins à partager leurs privilèges. L'Action affirmative réduisait la concurrence dans l'admission à l'université et dans l'emploi pour les femmes blanches et les groupes minoritaires, alors qu'elle l'augmentait pour les hommes blancs. Auparavant, c'est la discrimination qui réduisait la concurrence dans l'emploi et l'admission à l'université pour les hommes blancs, alors qu'elle marginalisait les femmes et les groupes minoritaires.

Pour ceux qui n'en profitaient pas, Action affirmative, quotas, et préférences raciales se résumaient à un programme d'exclusion destiné à les évincer des secteurs d'influence. Pour ceux qui allaient devenir les nouveaux conservateurs noirs, l'Action affirmative représentait un reniement de l'esprit de la lutte pour les droits civils. Cette politique préférentielle s'avérerait être un piège. Elle représentait une perversion de la lettre de la loi de 1964 dont l'objectif avait été de garantir l'égalité des chances (*equal opportunity*) et d'exiger que chacun fût jugé sur le mérite personnel et non sur la couleur de la peau.

Une politique d'égalité des chances ne posait que le principe de l'égalité dans l'accès aux opportunités ; elle garantissait le droit de chacun à prendre part à la course à la réussite. Cependant, elle n'offrait aucune garantie de succès. Elle ne visait pas à assurer une égalité de résultats. Elle traitait chacun en individu, et non en tant que membre d'un groupe. Son but n'était pas une redistribution de la richesse, sinon une redistribution des prétentions à cette richesse. Lorsque l'on renonce à une égalité des chances au profit d'une égalité de résultats, ce que l'on entend, c'est que seul la discrimination est responsable de la sous-représentation des minorités et des femmes dans divers secteurs d'activités. La sous-représentation d'un groupe racial ou sexuel dans un secteur d'activité donné devenait alors la preuve de sa discrimination.

Sous l'impulsion de Johnson, c'est le rôle de l'appareil exécutif qui évolua. Les politiques dites redistributives furent accentuées et la justice se fit compensatoire. Thomas Sowell devait dire à ce sujet : « L'Histoire est irrévocable. » Les tentatives de redressement des torts historiques se heurtent à l'impitoyable fait que tout ce que l'on peut faire s'appliquera seulement à l'avenir, et non au passé. Presque tous les acteurs - victimes et coupables - sont hors d'atteinte du pouvoir de l'homme. Une expiation symbolique crée de nouveaux mobiles et de nouvelles contraintes pour les lendemains, et cela comporte des conséquences qu'il faut prendre en sérieuse considération. Privilégier ceux qui sont experts à rappeler des culpabilités, ne promet guère de bienfaits à personne d'autre qu'à eux-mêmes.[55]

Pour les conservateurs, les organisations libérales de défense des Noirs s'étaient clairement éloignées de la philosophie originelle du mouvement pour les droits civils en acceptant d'enfourcher un nouveau cheval de bataille, l'obtention de privilèges spéciaux. Martin Luther King Jr, ils insistaient, avait rêvé d'un jour où la race ne compterait plus, et ne servirait plus à limiter le potentiel de chacun, d'un jour où chacun serait jugé selon son caractère. La race était un concept étriqué et frauduleux dont il fallait se débarrasser pour reconquérir son individualité.

De nos jours, les conservateurs récupèrent Martin Luther King Jr et s'approprient son message. Cette tentative de récupération est particulièrement claire dans l'œuvre de Shelby Steele. Pour ce faire, ils oblitèrent toute une dimension de la pensée politique de Martin Luther King Jr. Celui-ci avait, en effet, rêvé d'un jour où la race ne compterait

---

55. Thomas Sowell, <u>Race, Politique et Économie</u> (Paris : Presse Universitaire de France, 1986) 269.

plus, un jour où chacun serait uniquement jugé selon son caractère ; cependant, afin d'arriver à ce stade, il n'avait pas renoncé à une politique préférentielle de redistribution.

Il avait déclaré : « La lutte pour les droits est fondamentalement une lutte pour les perspectives d'avenir. En réclamant quelque chose de spécial, le Noir ne fait pas l'aumône [...] dans un excellent communiqué, Le *National Urban League* a souligné que nous [les Américains] ne voyons rien d'étrange dans l'administration d'un plan Marshall, et d'une aide technique à des peuples en difficulté partout dans le monde, et il suggérait que nous devrions en faire de même pour nos multitudes en difficulté [...] Aucune quantité d'or ne pourrait compenser les Noirs de façon adéquate pour l'exploitation et l'humiliation dont ils ont souffert en Amérique au cours des siècles [...] Cependant, un prix peut être mis sur le labeur non rémunéré des esclaves [...] Le paiement devrait être effectué sous la forme d'un programme de mesures spéciales et compensatoires de grande envergure mené par le gouvernement [...] je suggère que, à l'exemple du GI Bill of Rights que nous avons accordé aux vétérans, nous accordions un gigantesque Bill of rights semblable aux pauvres...»[56] Le GI Bill est une loi adoptée en juin 1944 fournissant aux soldats démobilisés de la Seconde Guerre mondiale

---

56. Martin Luther King, Jr., <u>Why We Can't Wait</u>, (New York : Penguin, 1964) 136-137.

(communément appelés les G.I.) le financement de leurs études universitaires ou de formations professionnelles ainsi qu'une année d'assurance chômage. Cette loi fournissait également différents types de prêts pour pouvoir acheter un logement ou démarrer une entreprise.

Martin Luther King Jr, contrairement aux conservateurs, était favorable à un programme social de redistribution, même sur une grande échelle :
Aux États-Unis, toute avancée des minorités est perçue comme un recul pour la majorité, effectuée aux dépens de celle-ci. Les conservateurs noirs reprochent au moins quatre choses à l'Action affirmative :
-elle ne profite qu'à ceux qui en ont le moins besoin, la petite bourgeoisie ;
-elle stigmatise ceux qui en bénéficient ;
-elle polarise la société ;
-elle entretient le sentiment qu'ont ses bénéficiaires de leur propre victimisation.

Les mesures de protection des Noirs se retourneraient immanquablement contre eux. Au lieu de les mettre sur la voie du développement, l'Action affirmative s'est retournée contre eux ... Elle ne remettait pas en question le préjugé fondamental de l'infériorité des Noirs inscrit dans la mentalité blanche ... des gens qu'on doit aider sont toujours plus ou moins des inférieurs.[57] Aujourd'hui, 'les programmes d'Actions Affirmatives sont de plus en plus dominés par les enfants de la classe moyenne.'[58] Ceux qui ne disposent pas des armes fondamentales, l'instruction et une formation solide, qui leur permettront d'être compétitifs sur le marché de l'emploi sont, paradoxalement, ceux que les programmes préférentiels négligent le plus. La bourgeoisie noire est plus aisée qu'auparavant. Glenn Loury confirme que pendant les années quatre-vingts, l'impact positif que ce programme d'Action affirmative avait eu sur les Noirs, avait bénéficié principalement à ceux qui jouissaient déjà d'un statut enviable. Si on examine les revenus relatifs des jeunes Noirs et des jeunes Blancs par classe d'éducation, on remarque que, de loin, la plus grande progression a été effectuée parmi les Noirs qui jouissaient de l'éducation la plus poussée.[59]

Le sociologue William Julius Wilson donna voix à une inquiétude semblable : 'Si les politiques de traitement préférentiel pour de tels postes (postes préférés) ne sont pas simplement conçus en termes de désavantages réels subis par des individus, mais plutôt en termes d'appartenance à une race ou à un groupe

---

57. "Entretien avec Shelby Steele." L'Express. 30 octobre 1992 : 66.
58. Stephen Carter, Reflections of an Affirmative Action Baby (New York : Basics, 1991) 71.
59. Glenn C. Loury, On the need for moral leadership in the black community, article présenté à l'Université de Chicago, 18 Avril 1984, pp.13-14, cité par William J. Wilson dans The Truly Disadvantaged. (U. of Chicago P., 1987) 110.

ethnique, alors ces politiques vont renforcer les chances des plus avantagés sans répondre aux problèmes de ceux qui sont vraiment désavantagés.'[60]

L'Action affirmative aurait contribué à accélérer la désintégration de la communauté noire en milieu urbain. Les familles stables de la classe moyenne composées d'un père, d'une mère et d'enfants, au fil de leur ascension sociale, abandonnèrent leurs quartiers d'origine et laissèrent les plus pauvres livrés à eux-mêmes, les privant de l'influence positive qu'elles représentaient et du support financier dont leurs communautés avaient besoin. Une des ironies de l'effort d'intégration est qu'il a encouragé l'approfondissement du fossé entre les classes moyennes et la sous-classe. 'Les hommes noirs bénéficiant d'une bonne éducation et d'une certaine expertise professionnelle, ont vu leurs revenus augmenter ... alors que ceux qui en avaient été privé ont rétrogradé pendant la même période.'[61]

Avant la déségrégation, les Noirs se voyaient contraints de vivre dans des quartiers entièrement noirs, où tous les groupes socio-économiques étaient représentés. Un médecin vivait dans le voisinage d'un ouvrier spécialisé. Dès que la loi le leur permit, les classes moyennes quittèrent les ghettos pour des

---

60. William Julius Wilson, <u>The Truly Disadvantaged</u>. (Chicago : U. of Chicago P., 1987) 115.
61. Thomas Sowell, <u>Preferential Policies</u>. (New York : Morrow & Co., 1990) 113.

quartiers plus agréables.

Un nombre croissant d'entreprises noires avait vu le jour en 1968 sous les encouragements de Nixon. Celui-ci voyait le développement du capitalisme noir comme une solution viable au sous-développement de la communauté noire. Après à peine deux mois à la présidence, Nixon signa l'ordre exécutif 11458, qui fut directement lié à son programme de promotion du capitalisme noir. L'ordre établit le *Office of Minority Business Enterprise* afin d'aider et de stimuler, grâce à des subventions préférentielles, le développement des entreprises montées par des Noirs et des femmes. Un pourcentage des contrats de sous-traitance alloués par le gouvernement au secteur privé irait dorénavant à ces entreprises.

Nixon donna à son ministre du commerce, Maurice L. Stans, la charge de la direction des efforts fédéraux 'affectant et contribuant à l'établissement, à la préservation et au renforcement des entreprises commerciales des minorités.'[62] L'importance qu'il attachait au capitalisme noir fut soulignée par son attribution de 100 millions de dollars à l'*Office of Minority Business Enterprise* et par la création d'un conseil de consultations commerciales pour les affaires minoritaires qui devait développer un programme pour faciliter la création de 25 franchises sur une période de deux ans.[63]

---

62. Derek T. Dingle, "Whatever happened to Black Capitalism?" Black Enterprise, août 1990 : 161.
63. Idem.

L'engouement de Nixon pour le développement du capitalisme noir tourna l'attention des Noirs vers les questions économiques. Pour lui, la clef du problème noir se trouvait dans l'égalité dans le monde des affaires. Les subventions préférentielles ou *set-asides* devaient créer les conditions nécessaires de cette égalité.

L'administration démocrate de Lyndon Baines Johnson, tout comme l'administration républicaine de Richard Nixon, avait poursuivi une égalité de résultats pour les Noirs. S'il y avait eu perversion de l'esprit de la lutte pour les droits civils[64], cette perversion était, alors, autant la responsabilité des républicains que celle des démocrates.

Le *busing* et la résistance qui s'organisa autour de lui contribuèrent aussi à la désaffection pour les politiques libérales de ces intellectuels noirs qui devaient finir par former la clique actuelle de conservateurs noirs. Beaucoup de Blancs trouvèrent très rapidement des façons de contourner la déségrégation des écoles publiques, une décision impopulaire ordonnée en 1954 par *Brown versus Board of Education*. Afin de circonvenir l'ordre de la Cour suprême, certaines circonscriptions du Sud établirent un système de bourses destinées à aider les familles blanches à envoyer leurs enfants dans des écoles privées. Certaines de ces

---

64. Alan L. Keyes, <u>Masters of the Dream. The Strength and Betrayal of Black America</u>. (New York : Morrow, 1995).

écoles furent complètement financées par ces bourses et alimentées par la fuite blanche.[65]

Les cours fédérales reconnurent les multiples tentatives de contournement de la loi et y mirent un terme. En 1968, la Cour suprême se prononça sur *Green v. County school board. Brown v. Board of Education* avait interdit la discrimination raciale dans les établissements scolaires publics, et *Green* devait aller plus loin en ordonnant l'intégration. En forçant l'intégration des Noirs et des Blancs, le gouvernement semblait prendre le parti de l'élite libérale noire. Cette intégration devrait être réalisée grâce au '*busing*' ou le transport d'enfants de races différentes dans les écoles publiques de communautés différentes de la leur, afin d'arriver à une composition raciale équilibrée dans chacune de ces écoles. *Brown versus Board of Education* n'avait pas exigé de telles mesures ; il s'était contenter de stipuler qu'il était inconstitutionnel de pratiquer la discrimination dans les institutions publiques. Pour remédier à la ségrégation du passé et réaliser cette intégration, la Cour déclara que les transferts d'élèves blancs dans les écoles noires, et les transferts d'élèves noirs dans les écoles blanches étaient nécessaires. Pour dépasser la race comme facteur déterminant, il fallait d'abord l'utiliser délibérément. C'est en 1971 que la Cour suprême se prononça sur *Swann v.*

---

65. E. G. West, "The Political Economy of American Public Schools Legislation" Journal of Law and Economics, octobre1967, volume10.

Charlotte Mecklenburg Board of Education. Cette décision autorisa expressément l'usage du '*busing*' comme méthode d'intégration de choix. Les communautés blanches se mobilisèrent immédiatement contre le transport de leurs enfants dans des écoles noires mal subventionnées qu'elles jugeaient inférieures à tous les égards, et contre l'arrivée de quelques enfants noirs dans leurs écoles. Certains Noirs s'y opposaient également. Le transport des enfants s'effectua alors plutôt dans un sens unique, des communautés noires vers les communautés blanches. Déterminées à échapper à toute coercition, les familles blanches abandonnèrent en masse les villes pour la banlieue. La pratique du *busing*' à sens unique équivalait à une insulte pour nombre de Noirs. Elle impliquait que la fréquentation exclusive d'une école noire rendait tout apprentissage, dans le meilleur des cas, inférieur sinon impossible. Elle dénigrait des écoles noires qui malgré leurs difficultés avaient souvent formé des êtres exceptionnels.

Le conflit de vision entre le projet de l'élite libérale blanche et ses alliés noirs, et le projet des intellectuels noirs conservateurs se révéla au grand jour. C'est la lutte contre la pauvreté que les conservateurs noirs émergeants du type de Thomas Sowell vers la fin des années 70 jugeaient responsable de la désintégration de la famille noire, de l'accroissement de la pauvreté et de l'insécurité, de la dissolution des valeurs morales et de la récession économique. La politique universitaire du gouvernement à l'égard des Noirs pendant les années soixante-dix, avait rendu la défection de Sowell et de Williams, du camp progressiste, définitive. Pour Sowell, la politique universitaire à laquelle le gouvernement fédéral avait donné son aval à partir de 1968, était caractérisée par une disparité flagrante sur les critères d'admission pour les Blancs par rapport aux Noirs. Les étudiants noirs dans la plupart des universités étaient admis en dépit de formations inférieures et d'un niveau scolaire général plus bas que celui exigé des autres étudiants.[66] 'Cependant, cela ne signifiait nullement que ces étudiants n'avaient pas les qualités requises pour poursuivre des études supérieures, ou bien même qu'ils étaient moins qualifiés que les étudiants blancs au plan national.'[67] Selon Thomas Sowell, cela signifiait simplement qu'ils étaient moins préparés que leurs homologues blancs pour le type d'enseignement dispensé dans les établissements les plus sélectifs. Néanmoins, leur profil scolaire convenait aux établissements moins élitistes qui pouvaient leur dispenser un enseignement de qualité et faciliter leur réussite scolaire. Thomas Sowell estimait que '[l]es étudiants noirs capables de réussite scolaire étaient transformés en ratés lorsqu'ils étaient placés dans des situations où la grande

---

66. Thomas Sowell, <u>Black Education : Myths and Tragedies</u> (New York : McKay, 1972) 113.
67. Thomas Sowell, "Mismatching Students for Dollars. A Hidden Scandal," <u>Issues & Views</u>, printemps 1996.

majorité des étudiants de race blanche auraient également échoué s'ils avaient été admis. Cependant, les étudiants blancs qui ne répondent pas aux critères d'admission des institutions élitistes n'étaient pas admis.'[68]

L'affaiblissement des critères d'admission était en soi humiliant. Il partait du principe que les Noirs n'étaient pas capables de fonctionner à un niveau de compétence égal à celui des Blancs. Il leur assignait une valeur collective négative et faisait fi de leurs particularités individuelles.

C'est par souci pour l'avenir des jeunes étudiants noirs que Thomas Sowell suggérait qu'ils soient envoyés dans des établissements plus adaptés à leurs besoins. Si cette suggestion n'a pas fait l'unanimité, c'est parce que, nous dit-il, cette politique universitaire était une politique intéressée, façonnée pour le plus grand profit des institutions elles-mêmes. L'image de l'établissement et son aptitude à recevoir des millions de dollars en subventions gouvernementales étaient renforcées si elle disposait sur son campus d'un nombre adéquat d'étudiants issus des groupes minoritaires.[69]

Les années soixante-dix furent des années charnières dans la maturation politique des dissidents. Elizabeth Wright, une figure importante, quoique discrète, du conservatisme noir, la rédactrice d'un bulletin d'information et d'opinions, *Issues and Views*, lancé à New York en

---

68. Idem
69. Ibidem

1985, représente cette évolution à merveille. Wright commença son parcours vers le conservatisme pendant les années soixante-dix lorsqu'elle fut convaincue que la rhétorique des organisations civiques et la politique gouvernementale transformaient les Noirs en mendiants du budget fédéral et les plongeaient dans un assistanat débilitant. Une aversion pour les leaders traditionnels de la communauté noire, auxquels elle reprochait d'être intéressés par leur seul avantage personnel, grandit en elle.

« Quand je contemplai tout ce que les Noirs avaient accompli et ce qu'ils étaient en train d'accomplir, je ne pouvais tout simplement plus faire la relation entre cela et la mendicité des années soixante-dix. »[70]

Selon Elizabeth Wright, le mouvement pour les droits civils encouragea la croyance que des établissements scolaires contrôlés par des Noirs étaient forcément vouées à l'échec. [71] Le développement d'institutions proprement noires était découragé et l'intégration dans la société dominante était par contre, fortement encouragée. Elle maintenait que l'infériorité noire avait été reconnue par la Cour suprême lors de la décision de 1954 sur la déségrégation scolaire, *Brown versus Board of Education*. Un jeune avocat de la NAACP, Thurgood Marshall, avait convaincu les juges que des institutions

---

70. Elizabeth Wright, Headway, septembre 1997 : 18.
71. Idem

séparées étaient forcément inégales. Après maintes considérations des conclusions du psychologue Kenneth Clark, la Cour avait décrété en se référant aux enfants : '[l]es séparer seulement à cause de leur race engendre un sentiment d'infériorité quant à leur statut dans la communauté, un sentiment qui peut affecter leurs cœurs et leurs esprits d'une manière irrémédiable.'[72]

Les futurs conservateurs noirs ne partageaient pas ce point de vue. Pour eux, l'intégration des Noirs et des Blancs n'était pas une priorité. Si elle devait avoir lieu, elle se ferait naturellement par des individus volontaires, et non sous la contrainte judiciaire. Pour Thomas Sowell, la séparation (*Separate but Equal*) n'était pas automatiquement égale ou inégale. "*Separate but Equal*" était certes une fiction légale transparente. 'Néanmoins, l'on ne pouvait conclure que la séparation impliquait forcément la discrimination.'[73]

Selon Sowell, lorsque la Cour suprême déclara en 1954 que des écoles séparées étaient de façon inhérente inférieures, un peu plus loin de là se trouvait une école publique noire, Dunbar High School, dont les résultats avaient égalé et même souvent dépassé ceux des écoles blanches de Washington pendant plus de 80 ans.[74] Thurgood Marshall lui-même était le

---

72. Richard Kluger, <u>Simple Justice</u> (New York : Knopf, 1976) 782.
73. Thomas Sowell, <u>Civil Rights : Rhetoric or Reality?</u> (New York : Morrow, 1984) 25.
74. Thomas Sowell, "Black Excellence : The Case of Dunbar High School,"

produit d'une telle école à Baltimore,[75] Frederick High School.

Sowell estimait que les succès scolaires des Noirs n'avaient que rarement suscité un grand intérêt chez les leaders noirs traditionnels. Parce qu'ils ne permettaient aucun avantage politique, aucun gain législatif et n'étaient d'aucune utilité stratégique, ils les ont ignorés :

Un des aspects les plus notables du progrès des Noirs est l'histoire d'un lycée noir de Washington, Dunbar High School, qui obtenait, entre les années 1870 et cinquante , des résultats scolaires remarquables. Ses étudiants devaient devenir les premiers à percer dans des secteurs où les Noirs avaient brillé par leur absence, de West Point jusqu'au cabinet présidentiel. L'histoire de Dunbar High School est non seulement balayée sous le tapis, comme quelque chose dont on devrait avoir honte, mais en plus, les nouveaux leaders noirs de la génération de Marion Barry à Washington ont manifesté une hostilité réelle envers l'histoire de l'école. Pour ces nouveaux 'leaders' plus intéressés par la purge des coffres de l'État, s'intéresser aux cas de réussite correspondait à faire de l'élitisme, et l'amélioration de soi représentait un écart de la tâche essentielle d'arnaque du Blanc.[76]

Les écoles blanches bénéficiaient d'un

The Public Interest, printemps 1974 : 1-21.

75. Thomas Sowell, "Patterns of Black Excellence," The Public Interest, printemps 1976 : 35-37.

76. Thomas Sowell, "Don't Distract Us From the Main Task of Hustling Whitey." Issues & Views, printemps 1997.

taux de financement par tête de loin supérieur à celui des écoles noires. Dans le meilleur des cas, cela se justifie par le mode de financement des écoles. Aux États-Unis, le système d'enseignement public est décentralisé. Les *school boards'* sont responsables du fonctionnement des écoles comprises dans leur circonscription. Les impôts locaux servent à assurer le fonctionnement de ces écoles. Une circonscription riche dispose généralement d'établissements scolaires bien pourvus, et attire sans difficulté les enseignants les plus capables. Une circonscription pauvre administre généralement des établissements de qualité moindre, servant une clientèle moins fortunée et employant des enseignants moins bien rémunérés. Avec la ségrégation légale, ces disparités étaient aggravées par une négligence coupable. Malgré les résultats prévisibles qu'une telle situation engendre, des îlots d'excellence ont émergés là où le dévouement et la détermination sont parvenus à combler les carences.

Le conflit de vision entre ceux qui, dans les années quatre-vingts, vont devenir les conservateurs noirs et les organisations civiques de défense des Noirs, est profond. Pour les organisations civiques, la séparation demeure un facteur d'inégalité. Les disparités statistiques dans le revenu, l'emploi et l'éducation leur servent à prouver la discrimination. Le racisme expliquerait toutes les politiques et les pratiques de traitement différentiel ou discriminatoire, qui elles-mêmes donnent lieu à des disparités statistiques ; et des politiques redistributives demeurent le meilleur moyen de pallier ces disparités.

Les conservateurs noirs ne cherchent point à prouver que la discrimination n'existe pas. Ils cherchent en revanche à montrer qu'elle ne suffit pas à expliquer le retard des Noirs par rapport aux Blancs. Pour eux, la représentation égale des groupes dans tous les secteurs d'activités reste une chimère. Rien dans l'histoire de l'humanité ne signale une répartition égale des compétences dans tous les secteurs de l'activité humaine entre les différents groupes ethniques. Les disparités statistiques touchent tous les aspects de l'existence humaine et la discrimination, même dirigée vers un groupe précis, n'affecte pas forcément chaque membre du groupe de la même manière.

La vision des organisations civiques présuppose qu'à part la discrimination ou une théorie inacceptable de l'infériorité innée des Noirs rien d'autre ne pourrait expliquer les différences dans les compétences et, généralement, les différences statistiques entre les Blancs et les Noirs. De tout cela, il découle surtout que les disparités statistiques seraient naturellement révélatrices de la discrimination elle-même. Les conservateurs cherchent à nous faire accepter que l'oppression en elle-même n'explique pas l'échec. L'échec se laisserait mieux expliquer par des raisons psychoculturelles.

La justification culturelle de l'échec

(culture de la pauvreté), dont les conservateurs sont friands, sert à dissimuler partiellement la spécificité de l'oppression raciale des Noirs américains. L'attitude, les valeurs et les comportements détermineraient le succès ou l'échec. Les groupes différeraient dans leurs performances économiques pour des raisons qui vont bien au-delà de la simple discrimination.

Ils diffèrent démographiquement, géographiquement et culturellement. Toutes ces différences ont une influence sur leurs revenus et leur distribution professionnelle. Le fait que plus de la moitié des Noirs vit dans le Sud, une région essentiellement agricole, la plus pauvre des États-Unis, a un effet direct sur leurs modes de vie et leurs revenus. En 1994, sur une population noire totale forte de 32 670 millions de personnes, 17 197 millions habitaient dans le Sud.[77] La manière dont les gens travaillent et leurs habitudes expliquent aussi leur performance.

Un des indices de la disparité économique entre les groupes est le revenu familial. La structure familiale dominante change souvent selon le groupe. Les familles monoparentales dirigées par des femmes, de nos jours, abondent dans la communauté noire et, quel que soit le groupe, ces familles sont généralement plus mal loties financièrement.

La pauvreté croissante parmi les femmes

---

77. <u>Statistical Abstract of the United States 1997.</u> Government Printing Office. 34.

est déjà si considérable que, depuis les dernières décennies, les femmes et leurs enfants sont devenus le groupe le plus affecté par la pauvreté aux États-Unis. Au début des années quatre-vingts, presque la moitié des 30 millions de pauvres étaient des femmes accompagnées de leurs enfants. En 1960, à peu près 27% des pauvres vivaient dans des foyers dirigés par des femmes, en dépit du fait que celles-ci ne dirigeaient que 16% de tous les foyers et 21% de toutes les familles avec enfants à charge. En 1984, plus de 49% des pauvres vivaient dans des foyers dirigés par une femme. Le changement a été très important pour les Blancs pauvres, mais davantage pour les minorités. En 1984, 68% des Noirs pauvres vivaient dans des foyers dirigés par une femme, tout comme 43% de tous les pauvres d'origine hispanique... En 1984, seulement 6,9% de toutes les familles composées de couples mariés tombaient au-dessous du seuil de pauvreté.[78]

Sous Jim Crow, à un moment fort de l'oppression raciale, les familles noires étaient relativement stables et ne connaissaient pas le degré de monoparentalité qui les caractérise aujourd'hui. Le recul du mariage dans la communauté noire est en partie responsable du caractère endémique de la pauvreté. Alors qu'un fossé considérable subsiste entre les Blancs et les Noirs, les différences s'amenuisent à mesure que

---

78. Harrell R. Rodgers, Jr., Poor Women, Poor Families : The Economic Plight of America's Female-Headed Households (Armonk, New York : Sharpe, 1986) 9-10.

le niveau d'instruction et la stabilité familiale augmentent [...] Pour échapper à la pauvreté, l'on doit achever ses études secondaires, se marier, et se placer sur le marché de l'emploi, même pour un salaire minime.[79] Thomas Sowell refusait de mettre au compte de la discrimination la disparité dans le revenu familial de la moyenne des Blancs et de la moyenne des Noirs, ainsi que la dissolution de la famille traditionnelle dans la communauté noire.

À chaque recensement entre 1920 et 1960, au moins 60% de tous les hommes noirs de 15 ans et plus étaient mariés. La disparité entre les hommes noirs et les hommes blancs à cet égard n'a jamais dépassé 5% pendant cette période. À partir de 1980, moins de la moitié des hommes noirs du même âge étaient mariés, et le fossé entre les hommes noirs et les hommes blancs était de 17%. En 1992, ce fossé s'était élargi de 21%.[80]

Ce qui manque dans l'analyse conservatrice, c'est une appréciation de l'impact du chômage et du sous-emploi sur l'évolution de la famille noire. La désintégration de la famille noire nous semble liée à la disparition des emplois bien rémunérés dans les communautés noires. En 1995, le salaire annuel moyen était de 40 611 dollars. Pour les familles blanches, il était

79. Joseph H. Brown, "Marriage overlooked as a poverty cure." Headway, septembre 1997 : 26.
80. Thomas Sowell, The Vision of the Anointed (New York, N. Y.: Basic, 1995) 60. La source de Sowell est le U.S. Bureau of the Census, "Marital Status and Living Arrangements : March 1992," Current Populations Reports, Series p20, No. 468 : 1,2.

de 42646 dollars, et pour les familles noires, 25970 dollars. Les Asiatiques semblaient cependant justifier la position des conservateurs. Le salaire moyen des familles asiatiques, en 1995, était de 46 356 dollars par année.[81]

Les sociologues Melvin L. Oliver et Thomas M. Shapiro offrent un regard différent sur la relation entre le racisme et la disparité entre les revenus des familles blanches et ceux des familles noires. Selon eux : '[l]e statut des Noirs aujourd'hui ne peut être séparé des processus historiques qui servent de contexte à l'inégalité raciale. Le passé a un effet sur le présent. Le meilleur indicateur de la sédimentation de l'inégalité raciale est la richesse [...] La sédimentation de l'inégalité a eu lieu car des barrières furent dressées contre les efforts des Noirs pour une plus grande indépendance matérielle [...] Ce qui est souvent passé sous silence, c'est que l'accumulation de richesses pour certains Blancs est intimement liée à la pauvreté de la plupart des Noirs. Ces derniers ont subi des désavantages cumulatifs, et les Blancs ont joui d'avantages cumulatifs.'[82]

Vers la fin des années soixante-dix, malgré les progrès accomplis, une petite clique exprimait un fort mécontentement. Beaucoup parmi eux allaient être recrutés par des

---

81. Statistical Abstract of the United States 1997. Government Printing Office. 469.
82. Melvin L. Oliver et Thomas M. Shapiro, Black Wealth/White Wealth. A New Perspective on Racial Inequality. (New York, N. Y.: Routledge, 1997) 50-51.

organisations conservatrices pour contester et offrir à la communauté noire une alternative aux organisations libérales comme la NAACP. Leur tâche allait être de convertir l'électorat noir à la cause de la contre-révolution conservatrice. L'avènement au pouvoir d'un de leurs mécènes, Ronald Reagan, signalait la répudiation idéologique des gains les plus précieux de la politique de protestation des années soixante.

Beaucoup de conservateurs noirs étaient bien conscients qu'ils devaient leur bonne fortune à une politique libérale entreprise par des démocrates, cependant, ils n'hésitaient pas à rejeter le libéralisme démocrate et à se tourner vers le conservatisme républicain pour protéger leurs privilèges.

5. L'appareil Idéologique

Sous Reagan, l'ascension de Thomas Sowell fut fulgurante. Cette ascension se produisit à un moment où les organisations libérales de défense des Noirs s'essoufflaient devant la montée au créneau du conservatisme politique. Profitant de cet essoufflement, Sowell sortit de l'ombre, accompagné d'une clique de conservateurs noirs, et choqua sa communauté en donnant son aval à la politique de Ronald Reagan. Il fut assidûment courtisé par celui-ci, jusqu'à ce que ce dernier lui proposât un poste important dans son administration. Sowell refusa. Ses idées auraient, pensait-il, un plus grand impact hors du gouvernement.[83]

Les conservateurs noirs devinrent très visibles sous les administrations Reagan, Bush père et fils, et le demeurent dans les médias, à ce jour. En 1991, Clarence Thomas déclarait :
J'ai souvent eu l'impression que les médias partent du principe que pour être Noir, il fallait adopter des idées de Gauche et être démocrate.

---

83. Ulysses Santamaria, Les Temps Modernes. L'Amérique Noire. "Noirs Made in USA" Paris, décembre 1986, p.4.

Tout Noir qui déviait de la litanie de rigueur à Gauche était un excentrique et devait se voir isoler du troupeau et blasphémer... Il y avait, à mon avis, une certaine complicité des médias et une tendance de leur part à diffuser aveuglément des informations négatives au sujet des conservateurs noirs et d'ignorer ou d'enterrer tous les aspects positifs... Ils pouvaient nous rire au nez parce qu'ils croyaient que nous ne jouissions pas d'un soutien politique ou économique véritable.[84]

La pensée politique noire américaine est souvent présentée comme une série d'antinomies. La fausse dichotomie entre l'agitation politique et l'activité économique comme méthodes de regain des droits civils et politiques a longtemps dominé toute discussion de la politique noire. Aujourd'hui, le but n'est plus le regain des droits civils et politiques, mais la réalisation dans les faits de l'égalité sociale.

Bien qu'une vigilance de tous les instants s'impose, les droits civils et politiques des Noirs ont été reconnus et sont dorénavant fermement établis dans la culture politique. Le problème qui se pose maintenant est celui du progrès économique. Certainement, les exemples médiatisés de prospérité abondent. *Fortune Magazine* dédia toute une publication à une

---

84. Clarence Thomas, "No room at the Inn : The Loneliness of the Black Conservative." <u>Policy Review</u>, automne 1991. Voir aussi Stan Faryna, Brad Stetson et Joseph Conti, <u>Black and Right. The Bold New Voice of Black Conservatives in America</u>, (Westport, Connecticut : Praeger, 1997) 10-11.

petite élite noire sur le thème, '*The New Black Power.* ' Il ne traitait nullement des victoires politiques noires, mais bien des progrès économiques accomplis au sein des multinationales par une minuscule élite d'entrepreneurs, de gestionnaires et de cadres noirs. L'accumulation de richesses et l'établissement d'entreprises indépendantes ne faisaient pas non plus partie de la portée de cet article. C'est la participation d'un petit groupe de Noirs aux plus hauts échelons des décisions et des commandes des multinationales américaines qui en faisait l'objet.

Ce petit groupe influence le recrutement, la promotion, la direction, les investissements et la politique de compagnies comme *General Motors*, *Nine West*, *American Express*, *Maytag*, *Time Warner*, *Texaco*, *Merryl Lynch*, *Pepsi-Cola*, *Coca-Cola*, *MacDonald* et bien d'autres...
Roy Roberts, le vice-président de General Motors explique son succès en quelques mots :
Les entreprises privées passaient beaucoup de contrats avec le gouvernement et devaient se plier à la loi. Pour se faire, comme plusieurs autres compagnies, elles recrutèrent des Noirs.[85]

Brenda Lauderback, la femme noire la mieux payée dans l'industrie de la chaussure, est présidente de *Nine West*, une compagnie évaluée à 1,7 milliard de dollars. Kenneth Chenault est directeur général de *American Express*. Lloyd

---

85. Roy Johnson, "The New Black Power", <u>Fortune Magazine</u>. 04 août 1997.

Ward est président de la compagnie d'électro-ménager *Maytag*. Robert L. Johnson et le directeur général de la chaîne noire, *Black Entertainment Television*. John Utendahl et ses partenaires possèdent 80% de *Utendhal Capital Partners*, la plus grosse banque noire d'investissement aux États-Unis fondée en 1992 avec l'aide de *Merryll Lynch* qui en détient 20 %. Cette banque d'investissement gère un patrimoine de 500 millions de dollars.[86]

Les entreprises noires, quant à elles, sont généralement de petite envergure. Cette nouvelle génération de capitaines d'industrie fait concurrence à la direction traditionnelle des organisations civiques de défense des Noirs. Elle fait concurrence aux politiciens noirs issus de la tradition de protestation des années soixante et force un changement de cap dans les priorités des organisations civiques de défense des Noirs. Ce changement de cap reflète l'étendue de leur influence sur des organisations largement dominées par des membres du clergé moins rompus aux complexités des rouages du capitalisme américain. Le progrès économique, à la 87ème convention annuelle du *National Urban League* tenue à Washington le 4 août 1997, fut qualifié de nouvelle frontière du mouvement pour les droits civils. Depuis sa création en 1911, le *National Urban League* a toujours été non seulement sensible à la nécessité des droits

---

86. David Whitford, "Taking it to the Street" et Roy Johnson, "The New Black Power", <u>Fortune Magazine</u>. 04 août 1997.

politiques, mais aussi au besoin de développement économique.

La voix de cette nouvelle élite est venue amplifier celle des conservateurs noirs. Son message est simple :

« La libre entreprise a fonctionné pour tous les autres groupes et fonctionne aussi pour les Noirs qui suivent les règles du jeu. »[87]

L'émergence d'une clique d'intellectuels conservateurs noirs sur le plan national fut orchestrée par les puissants groupes de réflexion et facilitée par le gouvernement de Ronald Reagan. En 1980, la première apparition médiatique de ces conservateurs se fit les 12 et 13 décembre dans le cadre de la conférence de Fairmont *ou Black Alternatives Conference*, à San Francisco, juste un mois après l'élection de Reagan. L'événement se déroula sous la direction de l'économiste Thomas Sowell, et le patronage du *Institute of Contemporary Studies* (ICS) ; une organisation se spécialisant dans l'étude de la politique sociale conservatrice, fondée en 1972 par Edwin Meese, l'ancien bras droit de Reagan. 125 universitaires et chefs d'entreprise[88] se réunirent pour formuler une alternative à la direction et au leadership du mouvement pour les droits civils.[89] L'économiste Milton Friedman, l'ancien professeur de Sowell, y figura comme

---

87. John Saloma, Ominous Politics. The New Conservative Labyrinth, (New York: Hill and Wang, 1984) 137.
88. Manning Marable, How Capitalism Underdeveloped Black America, Boston, MA : South End, 1983) 172.
89. John S. Saloma, III, Ominous Politics, (New York : Hill and Wang, 1984) 12.

invité d'honneur. Les présentations et les débats sont rapportés dans un ouvrage intitulé *The Fairmont Papers*.

Les participants furent soigneusement choisis par Sowell et Henry Lucas, Jr., un des directeurs de l'institut. Ils choisirent les conférenciers en fonction de leur degré d'expertise dans quatre domaines spécifiques : l'économie, l'enseignement, les affaires et la politique. Les participants furent sélectionnés parmi les intellectuels les plus enclins à "sortir des sentiers battus" et à faire montre d'originalité vis-à-vis de l'orthodoxie noire. Les participants devaient être ouverts à une réévaluation des approches libérales traditionnelles de la politique sociale.[90]

En dépit de la volonté affichée de Sowell de garder une posture intellectuelle indépendante, les discussions furent fortement influencées par les intellectuels blancs des instituts conservateurs. Notamment, Charles Murray, à l'époque rattaché au *Manhattan Institute for Policy Research*. Certains participants formèrent ensuite la *New Coalition for Social Change* et, en septembre 1982, organisèrent une conférence nationale sur le thème *Rethinking the Black Agenda*, sous le patronage d'un autre institut conservateur, la *Heritage Foundation*.[91]

---

90. Bernard E. Anderson et Al., The Fairmont Papers. Black Alternatives Conference, (San Francisco: ICS, 1981) xi.
91. Franklin D. Jones, Michael O. Adams et al., Readings in American Political Issues, (Dubuque, Iowa: Kendall/Hunt, 1987) 28.

La mainmise de Reagan était plus directement évidente dans la formation d'un autre groupe, le *Council for a Black Economic Agenda* (CBEA).[92] Le CBEA dut sa formation aux efforts de la Maison-Blanche pour développer des leaders noirs favorables au reaganisme et capable d'arracher les Noirs au joug démocrate en leur offrant une alternative séduisante aux leaders traditionnels du mouvement pour les droits civils.

L'importance soudaine des penseurs conservateurs noirs grandit proportionnellement au pouvoir et au prestige de leurs mécènes blancs. L'importance des intellectuels noirs aux États-Unis est toujours optimisée quand leurs bienfaiteurs sont au pouvoir.[93]

92. Fred Barnes, "InventaNegro, Inc." The New Republic, 15 avril 1985 : 9-10.
93. Franklin D. Jones, Michael O. Adams et al., Readings in American Political Issues, (Dubuque, Iowa : Kendall/Hunt, 1987) 27.

6. Groupes de Réflexion
et Fondations

Deux types idéalisés de capitalisme se font concurrence, celui des républicains conservateurs (la droite) et celui des démocrates libéraux (la gauche). D'un côté, le capitalisme se conçoit comme un système économique au sein duquel les grandes sociétés assument, soit volontairement ou soit sous la contrainte, une part de responsabilité non seulement pour leurs actionnaires, mais aussi pour leurs employés et la communauté dans laquelle elles opèrent. De l'autre côté, le capitalisme se conçoit comme un système économique au sein duquel les grandes sociétés, par souci d'efficacité, ne se soucient que des intérêts de leurs actionnaires et de la maximisation des profits au détriment de leurs employés et de la communauté plus large dans laquelle elles évoluent.

Cette dernière conception du capitalisme existe depuis les débuts de la Révolution industrielle et avait toujours été considérée extrême. La réussite de la contre-révolution conservatrice à la fin du 20ème siècle a consisté à rendre cette conception acceptable parmi l'électorat. Au lieu d'assister à une plus grande démocratisation de la richesse pendant les périodes de prospérité soutenue, on a assisté à une polarisation de cette même richesse.

Tout un appareil idéologique se cache derrière cette tendance. Un petit groupe de richissimes hommes d'affaires, ne représentant aucunement l'ensemble des grosses fortunes, a décidé qu'un marché déréglementé est le meilleur pourvoyeur de biens et de services, et qu'il génère plus de richesse. Cette élite s'évertue à convaincre l'opinion publique que seul le marché peut efficacement gérer les besoins d'une société libre. Elle a systématiquement mis ses ressources au service de la transformation des règles du jeu économique.

L'appareil idéologique qui se cache derrière ce projet de déstabilisation des règles du jeu économique est composé de plusieurs branches : les groupes de réflexion, les fondations, les *Political Action Committees* ou lobbyistes, la droite religieuse, les grandes entreprises elles-mêmes et le parti républicain.[94] John S. Saloma III, politologue et ancien aide congressiste républicain parle d'un labyrinthe conservateur pour illustrer la complexité de cet appareil idéologique. Michael Lind, transfuge autrefois proche des leaders intellectuels du mouvement conservateur, Paul Weyrich, Irving

---

94. Voir, John Saloma, <u>Ominous Politics</u>, (New York: Hill and Wang, 1984), et Michael Lind, <u>Up from Conservatism</u>, (New York : Free Press, 1996).

Kristol, Norman Podhoretz, et William F. Buckley, Jr., le définit moins comme un labyrinthe et plus comme un "commerce triangulaire." Chacun perçoit les groupes de réflexion, les fondations et le parti républicain comme autant d'éléments d'une machinerie dont le but ultime est la réduction du coût du travail, et l'optimisation des profits pour les entreprises. Pour Noam Chomski, les think tanks de droite ne sont qu'un épiphénomène de l'offensive des milieux d'affaires pour s'emparer du système politique.[95]

C'est d'abord par la dissémination des idées que cette bataille pour la transformation des règles du jeu économique se joue. Pour réduire le coût du travail, accroître la compétitivité des entreprises, élargir la marge de leurs profits, c'est au gouvernement que les conservateurs s'en prennent. Ils cherchent à le limiter dans ses fonctions d'arbitrage économique et de protection des droits des travailleurs. Le démantèlement des vestiges du *New Deal* est leur priorité. Ils veulent « changer la structure du pouvoir en Amérique et détruire l'État bureaucratique qui est né avec l'ère industrielle. »[96]

Les conservateurs sont devenus experts dans la fomentation de crises artificielles et dans la transformation des termes du débat politique.

95. Serge Halimi, "Démanteler le New Deal, faire payer les pauvres", Le Monde Diplomatique, mai 1995. PP. 10-11.
96. Serge Halimi, "Démanteler le New Deal, faire payer les pauvres", Le Monde Diplomatique, mai 1995. PP. 10-11.

L'économiste Milton Friedman doute que les intellectuels puissent initier des changements politiques véritables, la tyrannie du statut quo étant si forte, et insiste que seule une crise - réelle ou perçue - produit un véritable changement. Les actions qui sont prises alors dépendent des idées qui circulent.[97]

La politique sociale de Ronald Reagan fut considérablement influencée par les groupes de réflexion. Trois livres en particulier influencèrent sa réflexion sur la dépendance des pauvres vis-à-vis des programmes de l'assistance publique ou *"welfare"* dont AFDC - *Aid to Family with Dependent Children*, *Medicaid*, *Supplemental Security Income*, les repas scolaires gratuits, les habitations à loyer modéré, les bons d'achat (*food stamps*), constituent le cœur. Chacun de ces livres fut subventionné par l'appareil idéologique conservateur et produit par un groupe de réflexion. *Losing Ground* de Charles Murray, publié en 1984, et *Wealth and Poverty* de George Gilder, publié en 1981, furent tous les deux directement financés par le *Manhattan Institute for Policy Research*. Le troisième, *Mandate for Leadership* de Charles Heatherly, fut publié par le *Heritage Foundation* en 1981.[98] Ces trois livres avançaient l'idée que l'assistance publique engendrait à la fois l'immoralité, une plus grande dépendance vis-à-vis du gouvernement et la persistance de la pauvreté ;

---

97. Robert J. Samuelson, "The Age of Friedman," <u>Newsweek</u>, 15 juin 1998. P. 44.
98. "Thurow *vs.* Gilder : A Debate," <u>Newsweek</u>, 04 mai 1981. P.63.

la pauvreté présentée d'abord comme un phénomène dont les causes sont plus morales que matérielles.

Le livre de George Gilder, *Wealth and Poverty*, décrit en détails les raisons pour lesquelles l'assistance publique serait la cause de la persistance et de l'augmentation de la pauvreté, et détruirait l'autorité et le rôle central du père au sein de la famille. Ce livre fut distribué à tous les membres de l'administration Reagan comme munition intellectuelle[99] :

« En rendant l'homme facultatif dans son rôle de pourvoyeur aux besoins de sa famille, l'assistance publique rend difficile son ascension sociale. Contrairement au rôle de la mère qui, lui, est défini par la biologie, l'obligation du père de pourvoir aux besoins de sa famille doit être définie et affirmée par la culture. La culture de l'assistance publique dit à l'homme qu'il n'est pas indispensable à la famille : il se sent dispensable, sa femme sait qu'il est dispensable et ses enfants le sentent bien aussi. La combinaison de l'assistance publique et des autres services sociaux rehausse le rôle de la mère et évacue l'homme. En conséquence, les hommes ont tendance à abandonner leurs enfants, soit avant ou après le mariage [...] Les pressions de l'État providence dissolvent les fonctions du père, la discipline du travail et les règles du mariage. »[100]

Losing Ground, le livre de Charles Murray,

99. Gordon Jackson, "All Supply-Siders Now ?" Policy Review No. 41, 1987. P. 6.
100. George Gilder, Wealth and Poverty, (New York : Basic, 1981). 122.

popularisa la notion selon laquelle les pauvres motivés par le gain, comme tout le monde, obéissaient à une logique implicite de l'assistance publique. L'illégitimité, le crime et la désintégration familiale étaient encouragés par l'assistance publique et par la permissivité qui l'accompagnait.[101] Plus les taux d'illégitimité et de monoparentalité étaient élevés, plus les chances de perception de l'assistance publique seraient élevées. Charles Murray proposa l'abolition de l'assistance publique pour ces raisons.[102] C'est au marketing du *Manhattan Institute*, autour de *Losing Ground*, et ensuite du *American Enterprise Institute*, pour *The Bell Curve*, que Murray devait sa notoriété.

Le livre, *Mandate for Leadership*, commandité par le *Heritage Foundation*, fut offert à chacun des membres de l'équipe de transition de Reagan une semaine après son élection.[103] Ce livre faisait l'éventail des fraudes, du gaspillage et de l'abus dont les programmes sociaux étaient l'objet. Il clamait que des individus indignes percevaient une assistance financière indue.[104] Il marquait la nécessité de faire une différence tranchée entre les

---

101. Charles Murray, Losing Ground, (New York : Basic Books, 1984) 167-168.
102. Robert Greenstein, "Losing Faith in Losing Ground", New Republic, 25 mars 1985. 14. Et Christopher Jencks, "How Poor Are the Poor ?", New York Review of Books, 5 mai 1985. 41.
103. James Allen Smith, The Idea Brokers : Think Tanks and the Rise of the New Policy Elite (New York : Free Press, 1991) 195.
104. Heatherly L. Charles, Mandate for Leadership. Policy Management in a Conservative Administration, (Washington, D.C. : Heritage Foundation, 1981) 27-28.

bénéficiaires dignes et les bénéficiaires indignes.[105] Son impact fut de rendre l'administration de Ronald Reagan dépendante des recommandations du *Heritage Foundation*.[106]

Les conservateurs appréciaient la portée des idées dans leur projet de transformation, comme l'explique Vincent Sollito, directeur des relations publiques à l'*American Enterprise Institute*, « Pour être important à Washington, il faut être entendu. Nous sommes entendus. Notre recherche a permis de démontrer la folie économique, sociale et politique de certaines réglementations ; et de convaincre l'électorat de l'importance des forces du marché. Nous espérons éduquer le peuple américain et le Congrès. »[107]

Les idées conservatrices qui imprègnent les débats politiques sont vieilles, elles se sont malgré tout imposées à un large public. Elles sont sorties de l'ombre reformulées et enveloppées de respectabilité par des chercheurs intéressés.

Toute recherche est financée. Qu'on la poursuive seul dans le silence d'une bibliothèque ou d'un petit bureau, elle coûte quelque chose. Les universités paient les professeurs pour faire de la recherche. Le gouvernement et les

---

105. Idem, 293.
106. James Allen Smith, The Idea Brokers : Think Tanks and the Rise of the New Policy Elite (New York : Free Press, 1991) 203.
107. Serge Halimi, "Démanteler le New Deal, faire payer les pauvres", Le Monde Diplomatique, mai 1995. PP. 10-11.

entreprises subventionnent la recherche quand celle-ci est nécessaire. Elle leur dispense de précieuses informations leur permettant de prendre de meilleures décisions. Cependant, toute recherche n'est pas innocente. Par exemple, la recherche effectuée par l'industrie du tabac américain devait par injonction et nécessité commerciale arriver à la conclusion qu'il n'existe aucun lien entre l'usage des cigarettes et le cancer. Pareillement, la recherche à laquelle s'adonnent les groupes de réflexion conservateurs n'a d'autre but que de légitimer et de faciliter la transformation des règles du jeu économique et le transfert du pouvoir politique au monde des affaires. Elle arrive inévitablement à la conclusion que la déréglementation garantit la liberté économique.

Chaque année, les fondations conservatrices versent des millions de dollars dans une gamme très variée d'organisations politiques qui chacune défend une politique de droite auprès d'un auditoire ciblé. Parmi les bénéficiaires des largesses des fondations, on peut compter CBN (Christian Broadcasting Network) et NET (National Empowerment Television), des animateurs de radio, des magazines d'opinions, des groupes de réflexion, certains groupes et programmes universitaires, des journaux d'étudiants comme le *Dartmouth Review*, des groupes de pression, des politiciens et biens d'autres. Malgré une contribution financière considérable, les fondations conservatrices ne représenteraient qu'une source modique de financement pour l'appareil idéologique conservateur.[108] Le gros de ce financement proviendrait de dons privés, des grandes entreprises et des campagnes de *'direct mail'*.

Les fondations sont généralement créées par de richissimes hommes d'affaires. Les plus connues sont : la *Lynde and Harry Bradley Foundation* (électronique et radio), la *Fred Koch Foundation* (énergie, immobilier), la *John M. Olin Foundation* (armes, et produits agricoles chimiques), la *Sarah Mellon Scaife Foundation* (pétrole), la *Adolph Coors Foundation* (brasserie), la *Smith Richardson Foundation* (Vicks Vaporub), la *Samuel Noble Foundation* (pétrole et forage), la *Lilly Foundation* (produits pharmaceutiques), et la *Betchel Foundation* (construction)...

« Au début des années 1990 [...] pratiquement tous les magazines, groupes de réflexion et chercheurs conservateurs étaient devenus dépendants du financement provenant d'un petit groupe de fondations conservatrices. [...] *The American Spectator*, *Commentary*, *Policy Review*, le *Public Interest*, le *National Interest*, le *New Criterion* - sont tous financés, entièrement ou en partie, par des fondations et publient fréquemment le travail d'auteurs subventionnés par des fondations. »[109]

Les premiers bénéficiaires des

---

108. John S Saloma III, <u>Ominous Politics</u>, (New York: Hill and Wang, 1984) 24.
109. Michael Lind, <u>Up From Conservatism</u> (New York: Free Press, 1996) 85.

subventions des fondations, les groupes de réflexion conservateurs, ont connu un développement sans pareil depuis la seconde moitié des années soixante-dix au cours desquelles, un noyau d'intellectuels néo-conservateurs, parmi lesquels Irving Kristol, le rédacteur en chef du magazine d'opinions *The Public Interest*, dans des magazines et journaux tels que *The Public Interest* et le *Wall Street Journal* soutenait que si le monde des affaires voulait voir la logique du marché l'emporter sur les discours de gauche, il lui faudrait créer une nouvelle classe de chercheurs dont la carrière dépendrait du secteur privé et non pas du gouvernement ou des universités. On obtient ce pour quoi on paye, disait-il, et si les hommes d'affaires désirent voir leurs idées occuper une place légitime sur le marché des idées, il leur faudra ouvrir le porte-monnaie.[110]

Avant l'avènement des fondations et groupes de réflexion conservateurs pendant les années soixante-dix, les dons financiers des grandes sociétés allaient aux agences caritatives et aux organisations indépendantes comme les fondations libérales, Ford, Rockefeller, et Carnegie. En l'absence d'alternative, les milieux d'affaires croyaient pouvoir gagner la faveur et la confiance du public par le biais d'intermédiaires qui utilisaient leur argent pour poursuivre des attaques contre certains aspects du

---

110. Gregg Easterbrook, "Ideas Move Nations", <u>The Atlantic Monthly</u>. Vol. 257. Janvier 1986. 66-80.

capitalisme.[111] Au cours des années soixante-dix, un changement s'amorça quand, frustrées par la réglementation fédérale, les grandes entreprises se mirent à œuvrer pour la déréglementation avec une ardeur décuplée et financèrent une offensive pour le contrôle des idées en vogue à Washington.

En 1977, Henry Ford démissionna du conseil d'administration de la *Ford Foundation* clamant son indignation à la vue du contenu anticapitaliste des publications de la fondation. Nombre de compagnies comme Coors et Olin Chemical, dans le but d'influencer la politique du gouvernement, établirent des *political action committees* et des fondations conservatrices dont les subventions et autres dons se voyaient strictement contrôlés par la direction.[112] Les idées des intellectuels universitaires et autres analystes professionnels avaient souvent plus de poids à Washington que celles des chefs d'entreprises, précisément parce que ces premiers paraissaient plus objectifs et ne semblaient pas avoir un intérêt pécuniaire direct dans l'adoption d'une décision politique. En créant des fondations et des groupes de réflexion, les entreprises préparaient le terrain sur lequel leurs idées allaient trouver une plus grande légitimité, ainsi qu'un semblant d'objectivité. Les intellectuels coûtaient non seulement moins cher que les lobbyistes, ils

---

111. Idem.
112. Ibidem.

avaient également un impact plus profond sur un secteur plus large de l'opinion publique et en fin de compte sur les leviers du pouvoir.[113]

Le *Lynde and Harry Bradley Foundation* illustre parfaitement le pouvoir d'une fondation bien financée dont le parti pris idéologique est clair. Avec son capital de 420 millions de dollars,[114] il représente un des plus grands défenseurs de la pensée et de l'activisme conservateur. Lynde Bradley et son frère Harry de la société Allen-Bradley ont fait fortune dans la production de pièces électroniques et de pièces de radios. Harry Bradley était un membre actif de l'organisation ultraconservatrice, la *John Birch Society* et un collaborateur au *National Review*. La fondation Bradley ne devint un donateur important qu'en 1985 quand la société fut rachetée par *Rockwell International Corporation*, un groupement industriel se spécialisant dans la construction d'avions pour l'industrie de la défense. La vente augmenta le capital des frères Bradley de 290 millions de dollars.[115]

Le *Bradley Foundation* finance l'instrument de propagande qu'est le National Empowerment Television (NET).[116] Également financée par le *Free Congress Foundation* de Paul Weyrich, NET est diffusé dans des millions de

---

113. Opus Cit.
114. James Barnes, "Banker with a Cause," National Journal, 6 mars 1993. 564-565.
115. Idem.
116. Barbara Miner, "The Power and the Money," Rethinking Schools, printemps 1994, Vol. 8, n°.3.

foyers câblés où elle déverse les dogmes et le fondamentalisme religieux d'une frange de l'extrême droite américaine. Les universités, elles aussi, sont des cibles de choix pour les propagandistes de droite. Le président de la *Bradley Foundation*, Michael Joyce, estime qu'il est essentiel pour le succès à long terme du mouvement que les universités soient investies par l'argent des fondations ; il y engouffre au nom de sa fondation plusieurs millions de dollars pour la recherche et la création de programmes qui lui paraissent dignes d'intérêt.

Au fil des années, la fondation a financé les travaux d'environ 600 étudiants de second et de troisième cycle. "C'est comme une collection de vins," disait Joyce.[117] Si elle choisit les universités de l'élite, c'est parce que "l'opinion de l'élite aux États-Unis se forme au sommet de la pyramide... Les établissements scolaires de l'élite ont un rôle important dans l'énonciation de la politique intérieure."[118] Deux universités connues pour abriter des intellectuels conservateurs réputés, l'université de Chicago et l'université George Mason en Virginie, ont reçu respectivement 3,7 millions de dollars entre 1990 et 1992,[119] et 280 000 dollars en 1994.[120] Chacune de ces universités reçoit également des dons annuels de la *Bradley Foundation*.

---

117. James Barnes, "Banker with a Cause," National Journal, 6 mars 1993. 564-565.
118. Barbara Miner, "The Power and the Money," Rethinking Schools, printemps 1994, Vol. 8, n°.3.
119. Idem.
120. The Lynde and Harry Bradley Foundation 1994 Annual Report.

Celle-ci finance généreusement les recherches conservatrices les plus controversées. Par exemple, en 1992, elle avança 11850 dollars à David Brock pour la rédaction de son livre *The Real Anita Hill : The Untold Story*, lequel attaquait la crédibilité de Mlle Hill. Le livre fut commandité suite à la parution dans le *American Spectator* (un magazine subventionné par les fondations Olin et Bradley) d'un article sur Anita Hill écrit par Brock, dans lequel il la qualifiait de loufoque et de légère.[121] Le président de la Olin Foundation était à l'époque le président d'un comité qui cherchait à assurer la confirmation de Clarence Thomas au poste de juge de la cour suprême.[122]

La Bradley Foundation subventionna aussi Charles Murray, l'auteur de *The Bell Curve*, selon lequel l'intelligence est intimement liée à la race, et de *Losing Ground* qui préconise l'élimination de tous les programmes sociaux. Les travaux de Murray sont si controversés que le *Manhattan Institute*, pour lequel il travaillait, lui demanda de plier bagages. La *Bradley Foundation* qui avait également contribué au financement de ses travaux au *Manhattan Institute,* vint à la rescousse. Selon le président de la Bradley Foundation, Murray « est un des penseurs les plus importants de l'Amérique. »[123] La fondation lui accorda un traitement annuel de

121. Barbara Miner, "The Power and the Money," <u>Rethinking Schools</u>, printemps 1994, Vol. 8, n°.3.
122. Idem.
123. Ibidem.

100 000 dollars et lui trouva un emploi dans un autre groupe de réflexion, le *American Entreprise Institute*.[124]

Les frères David et Charles Koch possèdent l'intégralité des opérations de *Koch Industries*, des opérations pétrolières, une entreprise d'exploitation de gaz naturel et une société de gestion foncière ; ils représentent en importance la seconde entreprise privée contrôlée entièrement par des individus privés aux États-Unis.[125] Les frères Koch s'intéressent au *'libertarianism'*. C'est d'ailleurs grâce aux fonds des trois fondations de la famille Koch, le *Charles G. Koch Foundation*, *David H. Koch Foundation* et *Claude R. Lamb Charitable Foundation*, que le très *"libertarian"* Cato Institute et *Citizens for a Sound Economy* furent établis. Entre 1986 et 1990, ils reçurent respectivement 6,5 millions de dollars, et 4,8 millions de dollars.[126]

Contrairement aux autres fondations, celles des Koch se concentrent exclusivement sur le thème du libre échange. « Mon intérêt principal, déclara David Koch, est de minimiser le rôle de l'État et de maximiser le rôle du secteur privé ainsi que la liberté individuelle.»[127] Les fondations Koch font des dons généreux à certains programmes et départements

---

124. Op. Cit.
125. W. John Moore, "Wichita Pipeline," National Journal, 16 mai 1992, 1171.
126. Idem, 1169.
127. Ibidem.

universitaires conservateurs, comme le *Institute for Humane Studies,* à l'université George Mason à Washington. Les fondations conservatrices accordent aussi de nombreuses bourses aux jeunes recrues.[128]

La *John M. Olin Foundation* alors qu'elle fait don de sommes importantes avec régularité aux principaux groupes de réflexions conservateurs, dont le *American Entreprise Institute,* plus de 653 000 dollars en 1994,[129] le *Heritage Foundation,* 537 500 dollars en 1994,[130] le *Manhattan Institute for Public Policy Research,* plus de 315 000 dollars en 1994, et le *Hoover Institution of War, Revolution and Peace*, plus de 800000 dollars récemment,[131] dirige généralement son attention sur le financement des programmes universitaires conservateurs. Il lie les universités aux législateurs républicains, aux groupes de réflexion et aux publications comme *Commentary* et *The Public Interest* qu'il subventionne.

Les articles que publient les chercheurs du *Olin Foundation* paraissent dans des journaux tels que le *New York Times*, le *Washington Post,* et *Time magazine.*[132] Des auteurs ultraconservateurs comme Allan Bloom, Irving Kristol, et Dinesh D'Souza bénéficient des subventions de cette fondation. Allan Bloom a

---

128. Op. Cit.
129. John Olin Foundation Rapport Annuel pour 1993 et 1994.
130. Idem.
131. Ibidem.
132. John Wiener, "Dollars for Neocon Scholars," <u>The Nation</u>, 1er janvier 1990, 12.

reçu 3,6 millions de dollars pour diriger le centre John M. Olin pour la recherche sur la théorie et la pratique de la démocratie à l'université de Chicago (*John M. Olin Center for Inquiry into the Theory and Practice of Democracy*).[133] Irving Kristol a reçu 376000 dollars en tant que *distinguished professor* de l'école de gestion des affaires de *New York University* et ensuite en tant que membre du *American Enterprise Institute*.[134] Plus de 380000 dollars entre 1992 et 1994.[135] Dinesh D'Souza quant à lui a perçu plus de 100000 dollars en 1993 pour son rôle comme chercheur au sein de *American Entreprise Institute* pour lequel il a en 1995 publié *The End of Racism*, un effort de légitimation du racisme.

La fondation d'Adolph Coors (*Adolph Coors Foundation*) est sans doute la plus controversée. Les Coors doivent leur fortune à l'industrie de la bière. Leur brasserie fut établie en 1873 par Adolph Coors senior dans le Colorado et demeure une entreprise familiale.[136] L'entreprise a connu une certaine notoriété à la suite d'un conflit salariale qui exposa ses positions antisyndicales, antihomosexuelles, antiféministes, et antiminorités au cours d'un boycott national initié par le AFL-CIO en 1977 et qui dura dix ans.[137] Le AFL-CIO accordait alors

133. Idem.
134. Ibidem.
135. John Olin Foundation Rapport Annuel pour 1993 et 1994.
136. Russ Bellant, "The Coors Connection: How Coors Family Philanthropy Undermines Democratic Pluralism," Political Research Associates, 1990, 29.
137. Bella Stumbo, "Coors Clan: Doing it their Way," Los Angeles Times,

son soutien à un petit syndicat de la bière, *Brewery, Bottling, Can and Allied Industrial Union*, qui se trouvait alors en négociation avec le patronat.[138] Coors réussit à briser le syndicat en recrutant des centaines d'employés non-syndiqués qui, avec ceux qui n'avaient jamais participé à la grève, désavouèrent le syndicat en 1978.[139]

L'image de Coors fut ternie davantage quand, lors d'un discours prononcé en 1984 à Denver devant une foule composée d'hommes d'affaires noirs et hispaniques, il déclara qu'une des « meilleures choses que les marchands d'esclaves avaient fait, fut de traîner des Africains dans les chaînes aux États-Unis. ».[140] Plus tard, il déclara également que "la faiblesse de l'économie du Zimbabwe est due au manque de capacité intellectuelle de l'Africain de race noire."[141] Pour sa défense, Coors avança que ses propos avaient été pris hors contexte et menaça de porter plainte contre le journal, le *Rocky Mountain News*, qui les rapportait.[142] Pour

---

18 septembre 1988.

138. Thomas Knudson, "Labor Truce Welcome at Coors Base," New York Times, 7 septembre 1987.

139. Russell Bellant, "The Coors Connection: How Coors Family Philanthropy Undermines Democratic Pluralism," Political Research Associates, 1990, 69.

140. Victoria Cross, "Coors Bring Beer and Controversy to Detroit," Detroit Metro Times, 22 janvier 1986.

141. Russell Bellant, "The Coors Connection : How Coors Family Philanthropy Undermines Democratic Pluralism," Political Research Associates, 1990, 62.

142. Jonathan P. Hicks, "Coors Mends Minority Fences," New York Times, 25 juillet 1985 ; "Coors Drops Libel Suit Against Paper," Washington Post, 26 août 1987.

contrer cet échec en relations publiques, et mettre un terme au boycott des groupes noirs et hispaniques, la société s'engagea à verser plusieurs centaines de millions de dollars aux organisations noires et hispaniques.[143]

La contribution la plus notable de Coors à la cause conservatrice fut l'établissement de *Heritage Foundation* en 1973 avec 250000 dollars.[144] *Heritage Foundation* est mieux connu pour la publication de *Mandate for Leadership* qui resta une Bible pour le gouvernement de Reagan. [145]

Il existerait plus 1300 groupes de réflexion aux États-Unis, dont une centaine se trouverait à Washington seulement. Les groupes de réflexion sont censés être des organisations indépendantes et idéologiquement neutres, comme l'indique la chartre de la *Brookings Institution* : « [L'institution mènera] de la recherche en sciences économiques, en sciences politiques et en sciences sociales. » Ce travail devrait se poursuivre « sans considération pour, et indépendamment des intérêts particuliers d'un groupe quelconque du corps politique. »[146] La réalité est bien différente. Ils cherchent, dans les faits, à influencer la politique du

143. Jonathan P. Hicks, "Coors Mends Minority Fences," New York Times, 25 juillet 1985.
144. Russell Bellant, "The Coors Connection: How Coors Family Philanthropy Undermines Democratic Pluralism," Political Research Associates, 1990, 21.
145. Idem, 16-19.
146. Alva W. Stewart, Think Tanks: Their Role in our Society, a Checklist. (Monticello, Illinois: Vance Bibliographies,1987) 3.

gouvernement.

Pendant les années soixante, les groupes de réflexion dominants étaient tous progressistes (libéraux) ; de nos jours, ils sont conservateurs. Le pionnier, la *Brookings Institution*, fondée en 1916 grâce au financement de l'industriel Robert S Brookings, est le groupe de réflexion le plus ancien. Armée d'une batterie de chercheurs progressistes, elle se donne pour mission d'améliorer la performance des institutions américaines, l'efficacité des programmes gouvernementaux, et la qualité de la politique intérieure. Il existe de nombreux autres groupes de réflexion progressistes aux États-Unis : le *Center for Budget and Policy Priorities*, le *Institute for Policy Studies*, le *Center for Defense Information*, le *Economic Policy Institute...* Cependant, leur financement et leur influence n'égalent en rien ceux des groupes conservateurs.

Pendant la *Great Society* du président Johnson (1964-1968), les groupes de réflexion se développaient et le terme *think tank* fut rapidement popularisé. Dans les années soixante-dix, après le ralentissement de la croissance économique, une série de groupes de réflexion conservateurs, ouvertement idéologiques, voit le jour. Parmi ces nouveaux groupes de réflexion, on comptait : *Cato, Manhattan, Lehrman, Hudson, Shavano, Pacific, Sequoia, Competitive Enterprise Institute, Committee on the Present Danger, Committee for the Survival of Free Congress, Committee for the*

Free World, Institute for Foreign Policy Analysis for Contemporary Studies and for Humane Studies, Center for Public Choice, Center for the Study of American Business, Center for Judicial Studies, le *Political Economy Research Center,* le *Ethics and Public Policy Center,* le *National Center for Policy Analysis,* le *National Institute for Public Policy,* le *Washington Institute for Values in Public Policy,*[147] la liste est longue.

L'ancien vice-président de *Heritage Foundation,* Burton Yale Pines, qualifia les groupes de réflexion de « troupes de choc de la révolution conservatrice.»[148] Le *Heritage Foundation* se retrouve aux premiers rangs de la guerre idéologique : fondé en 1973 par un magnat de l'industrie de la bière, Joseph Coors, et de concert avec un guru de la droite, Paul Weyrich, il passe pour un des groupes de réflexion les plus importants aux États-Unis.[149] Grâce à un effort agressif pour promouvoir les études qu'il avait commanditées, et grâce à ses liens étroits avec les gouvernements de Reagan et de Bush, le *Heritage Foundation* devint le maître à penser officiel de la présidence de Reagan et plus tard de Bush père. Il rédigea les grandes lignes de la stratégie de défense de la guerre des étoiles (*Star Wars*) sous Reagan, ainsi que sa théorie économique *'trickle-down'*.

---

147. Gregg Easterbrook, "Ideas Move Nations." The Atlantic Monthly. Janvier 1986. Volume 257, Numéro 1. 66-80.
148. Larry Hatfield et Dexter Waugh, "Right-wing's Smart Bombs," San Franscico Examiner, 24 mai 1992.
149. Bill Meunier, "Controversy Brewing as Public Learns that Coors is Brewing Zima Malt Liquor," Wisconsin Light, 14 avril 1994.

Heritage prit une part active dans la rédaction du contrat républicain avec l'Amérique, *Contract with America*, de Newt Gringrich.[150] Les publications ouvertement idéologiques des groupes de réflexion comme *Heritage* rendent les limites entre la recherche et l'activisme très floues.

Pour effectuer leur contre-révolution, les conservateurs ont successivement harcelé l'opinion publique par une campagne assidue sur des thèmes qui suscitaient une réaction viscérale et réveillaient l'angoisse des classes moyennes et ouvrières : l'immigration, *English-Only*, le multiculturalisme, l'Action affirmative, le *welfare*, etc. Il est important de comprendre comment cette contre-révolution fut amorcée.

Les fondations et groupes de réflexion conservateurs concentrent leurs efforts sur des problèmes précis et limités. Ils considèrent rarement plus de deux ou trois cibles à la fois et se déplacent rapidement vers de nouvelles cibles une fois la victoire assurée.[151] La droite choisit ses cibles avec soin, et s'assure qu'elles engendreront des bénéfices réels pour le mouvement conservateur à longue échéance. Par exemple, les conservateurs engouffrent des sommes importantes dans la formation d'une nouvelle génération de leaders recrutée et endoctrinée sur les campus universitaires. Ils

---

150. Douglass Burton, "To win the battle of Ideas, send in the Think Tanks" Insight, 6 mars 1995. 16-17.
151. Voir, James Ridgeway, "Wiplash: Newt Gringrich and His Plans for a New Day in America", Village Voice, 20 septembre 1994, 17.

organisent des camps d'études pour les étudiants pendant l'été. Ces camps préparent les étudiants aux stages qu'ils convoitent au congrès ou encore dans les groupes de réflexion une fois leurs études terminées. Entre autres, ils leur apprennent à prendre des notes, à enquiquiner les professeurs progressistes, à établir des forums conservateurs sur un campus, et des groupes de soutien (*support groups*).[152]

Des programmes sont établis dans les départements de journalisme, pour contrarier ce qu'ils pensent être un parti pris progressiste dans les départements de journalisme à travers le pays. "Cet investissement commence à payer : des étudiants de premier cycle entraînés se voient en mesure de mettre de vieux professeurs libéraux sur la défensive, tant et si bien que ceux-ci ne réagissent plus avec autant de vigueur à la création d'un journal conservateur ou à l'élimination des départements d'études ethniques."[153]

Les fondations et groupes de réflexion conservateurs accordent aussi des bourses aux étudiants en droit, aux rédacteurs des éditoriaux de certains journaux étudiants, et financent certains cours et certains programmes ; particulièrement en sciences économiques pour s'assurer que la prochaine génération de leaders est encore plus conservatrice que la génération actuelle. Les diplômés et bénéficiaires de la

---

152. Jean Stefancic et Richard Delgado, <u>No Mercy</u>, (Philadelphia : Temple UP., 1996) 146.
153. Idem, 141.

manne conservatrice, comme Dinesh D'Souza, l'auteur des très controversés *Illiberal Education* et *The End of Racism*, trouvent parfois du travail auprès d'un membre du congrès, au sein des multiples groupes de réflexion, ou encore à la tête d'une fondation.

D'Souza fut vertement critiqué pour son livre, *The End of Racism*. Contrairement à son collègue Charles Murray, qui croit les Noirs génétiquement inférieurs aux Blancs, D'Souza, lui, remarque que c'est la culture noire, et plus spécifiquement la culture des Noirs pauvres qui pose problème parce que pathologique,[154] et que "pour beaucoup de Blancs, la sous-classe noire, irresponsable et criminelle, représente une résurgence du barbarisme au milieu de la culture occidentale."[155] Ce sont des propos comme ceux-ci qui causèrent le départ précipité de deux conservateurs noirs, Robert Woodson et Glenn Loury, du groupe de réflexion où travaille D'Souza, le *American Enterprise Institute*, après que celui-ci refusa de désavouer D'Souza. Les conservateurs noirs lui manifestent peu de sympathie.

Dinesh D'Souza reflète des opinions conservatrices préjudiciables sur les Noirs. D'Souza rejette sur ces derniers la responsabilité entière de leurs revers de fortune économique. Selon lui, les Noirs seraient eux-mêmes

---

154. Glenn Loury, "One Scholar Meets...Another Man's Poison," Bostonia, hiver 1995 - 1996, 74.
155. Dinesh D'Souza, The End of Racism : Principles for a Multiracial Society, (New York : Free Press, 1995) 527.

responsables du racisme dont ils se plaignent, et leur statut dans la société prouverait leur infériorité. Sa thèse est la suivante, « la discrimination raciale est parfaitement rationnelle et ne devrait être empêchée par aucune loi. »

Dinesh D'Souza fait ses débuts dans la controverse à *Dartmouth College* où il se distingue au sein du comité de rédaction du *Dartmouth Review* alors qu'il y occupe la fonction de rédacteur en chef. Le *Dartmouth Review* est un journal étudiant lancé en 1980 grâce au financement des fondations Smith Richardson, Sarah Scaife, et Earhart. Professeur Sara Diamond, spécialiste des mouvements de la droite américaine, remarque que le *Dartmouth Review* fut la toute première de ces publications conservatrices à apparaître sur les campus aux États-Unis.[156] Pendant ses dix premières années d'existence, le journal reçoit plus de 295000 dollars directement de la fondation Olin, et 15000 de I.E.A. (*Institute for Educational Affairs*).[157] Les publications conservatrices sont moins dépendantes des contributions de l'université qui les abritent.[158] Dartmouth College a, en 1982, cessé toute contribution financière au journal après la parution d'un

156. Sara Diamond, "Right-wing Academic Agenda," Covert Action n°.38 automne 1991.
157. Dudley Clendinen, "Conservative Paper Stirs Dartmouth, New York Times, 13 octobre 1981. A18. Bob Hohler et Anthony Flint, "Dartmouth Review's Foes; Facing Off Campus Muscle", Boston Globe, 7 octobre 1990, Metro, 1.
158. "Conservative Forum," Human Events. 23 janvier 1996, 21.

article écrit en *Black English*, "*Dis Sho Ain't No Jive, Bro*," qui suggérait que les étudiants noirs étaient illettrés.[159] Plus tard, les membres du journal détruisirent les cabanes qui avaient été érigées sur le campus en signe de protestation contre l'apartheid en Afrique du Sud ; et plus tard encore, le journal publia des extraits du *Mein Kampf* d'Adolf Hitler le jour d'une fête juive. Pour récuser les accusations de racisme, il fit remarquer la diversité de son comité de rédaction qui comprenait des femmes, des Noirs, des Juifs, et des Asiatiques[160] , Dinesh D'Souza est un immigré indien.

Ces journaux étudiants conservateurs qu'on retrouve sur tous les principaux campus s'opposent généralement à l'Action affirmative, et au multiculturalisme.[161] L'appareil idéologique encadre et contrôle les opérations et tout ce qui paraît dans ces journaux comme l'atteste le témoignage du rédacteur en chef du *Stanford Review* : «L'équipe du réseau nous aide à former nos opinions. »[162]

Sur les campus universitaires, les conservateurs courtisaient des chercheurs pour s'approprier le cachet de crédibilité qu'ils apportaient aux études qu'ils désiraient faire

159. Fox Butterfield, "The Right Breeds a College Press Network", New York Times, 24 octobre 1990, A1.
160. Bob Hohler et Anthony Flint, "Dartmouth Review's Foes; Facing Off Campus Muscle", Boston Globe, 7 octobre 1990, Metro, 1.
161. Ron Chepesuik, "Alternative Voices: Liberal and Conservative Newspapers are Emerging Anew on College Campuses", Quill, avril 1992, 36.
162. Martin Boer, "Conservative Campus Groups Recharge New Right Campus Politics in the 1980s" University Conversion Project, 1994. 20.

publier. L'obstacle auquel ils se heurtaient était le progressisme de rigueur dans la plupart des établissements d'enseignement supérieur. Ils l'ont cependant contourné en prodiguant des sommes et un soutien considérables à tous les chercheurs disposés à réorienter leur recherche dans une direction favorable à la cause conservatrice.

Afin de dominer le paysage politique pendant les générations à venir, les fondations conservatrices cherchaient non seulement à définir les termes du débat politique, mais aussi à former les prochaines générations de chercheurs, journalistes, activistes, et législateurs. A cette fin, les fondations Bradley, Olin, Scaife, et Smith Richardson finançaient des programmes universitaires sur mesure, des journaux étudiants, ainsi que la recherche. Elles ont créé et soutenu des réseaux étendus de professeurs comme la *National Association of Scholars*, le *Intercollegiate Studies Institute,* le *Madison Center for Educational Affairs* et un réseau de plus de 70 journaux étudiants. 20 millions de dollars sont versés chaque année aux groupes conservateurs sur les campus des États-Unis. Un cinquième de cet argent provient d'une poignée de fondations.[163] Les fondations conservatrices, "en mobilisant leurs ressources stratégiquement, ont orchestré l'émergence de l'intelligentsia conservatrice qui maintenant

---

163. Joel Bleifuss, "Doing Right by the Campus Left," In These Times, 22 janvier 1996.

exerce une influence palpable au plan national."[164]

L'université de Chicago, entre 1990 et 1992, reçoit 3,7 millions de dollars de la fondation Bradley pour son programme *Bradley Fellows*.[165] A l'université George Mason en dehors de Washington, le *Institute for Humane Studies* qui se spécialise dans l'étude du "marché, du libre-échange, et des flux migratoires," reçoit 2 millions de dollars de la fondation de la famille Koch entre 1986 et 1990.[166] L'université Harvard reçoit plus de 6,2 millions de dollars de la fondation Olin entre 1993 et 1997 pour mettre sur pied plusieurs programmes en droit, business et sciences économiques.[167]

En plus de financer les programmes universitaires, les fondations contrôlent le contenu des publications et des cours universitaires, et veillent elles-mêmes à la propagation du message conservateur dans la communauté universitaire. En 1978, l'ancien ministre des finances William Simon ainsi que le néoconservateur Irving Kristol fondèrent le *Institute for Educational Affairs* (I.E.A).[168] Son but

164. David Callahan, "Liberal Policy's Weak Foundations," The Nation, 13 novembre 1995.
165. Barbara Miner, "The Power and the Money," Rethinking Schools, printemps 1994, Vol. 8, n°.3.
166. W. John Moore, "Wichita Pipeline," National Journal, 16 mai 1992, 1169.
167. "JM Olin Foundation Gains $100 M in Assets," Foundation Giving Watch Vol XIII, issue 11. Avril 1994. 2 ; John Olin Foundation, Inc. 1994 Annual Report.
168. Sara Diamond, "Corporate Interference: Endowing the Right-wing Academic Agenda," Covert Action n°.38, automne 1991, 46.

était d'identifier des étudiants prometteurs qui bouclaient soit un premier cycle soit une thèse de doctorat,[169] de les aider à s'établir grâce à une bourse, et ensuite de les placer dans les comités d'actions politiques, à travailler sur des projets de recherche, dans les agences fédérales ou encore dans des organes de presse. I.E.A. reçut les capitaux qui l'aidèrent à s'établir, 100000 dollars des fondations Olin, Scaife, J.M. and Smith Richardson, en plus de multiples contributions en provenance de compagnies comme Coca-Cola, Dow Chemical, Ford Motor Co., General Electric, K-Mart, Mobil et Nestlé.[170]

En 1990, I.E.A. s'associa avec le *Madison Center*, fondé en 1988 par William Bennett, l'ancien ministre de l'éducation sous Reagan, Allan Bloom, l'auteur de *The Closing of the American Mind* et professeur Harvey Mansfield de Harvard, et devint le *Madison Center for Educational Affairs* (M.C.E.A.).[171] Dès 1990, le M.C.E.A. s'attela rapidement, à la tâche de recruter des étudiants issus de groupes minoritaires pour servir la cause du conservatisme. Un des participants à la conférence qui devait lancer ce nouveau projet, était Clarence Thomas.[172]

Les groupes de réflexion conservateurs disposent d'un financement plus important que

169. Idem.
170. Ibidem.
171. Jonathan Bloedow, "God and Journalism on Campus,"World, 1er avril 1995, 14.
172. Sara Diamond, "Right-wing Academic Agenda," Covert Action n°.38 automne 1991, 49.

les groupes de réflexion libéraux. Ils lancent des appels de fonds bien orchestrés auprès de clients choisis et sensibles à un aspect clef de leur message. Ils manipulent les médias. Ils utilisent les *talk-shows* télévisés et radiodiffusés, les annonces publicitaires, la presse, la nouvelle technologie informatique, les campagnes de *direct-mail*, et tous les moyens à leur disposition pour élargir leur audience. Toute nouvelle publication est immédiatement médiatisée à l'excès. La sortie de *Illiberal Education*, *Losing Ground*, et *The Bell Curve*, fut accompagnée d'une série de conférences de presse et d'interventions sur les ondes, le tout orchestré par l'appareil idéologique lui-même.

Pour promouvoir une idée et assurer son impact auprès des cercles politiques, un groupe comme le *Heritage Foundation* envoie simultanément un rapport aux différents membres du congrès et aux organes principaux de la presse écrite. Puis, dès qu'un organe de presse s'intéresse au rapport et décide de publier un article sur les idées et propositions qui y sont soutenues, le groupe à son tour photocopie l'article et l'expédie aux mêmes membres du congrès qu'il cherchait à influencer dès le début. Il en résulte qu'un congressiste occupé aura l'impression que les idées qui lui sont soumises commencent à gagner du terrain et se mettra dès lors à les étudier avec plus d'attention.[173]

---

173. Jean Stefancic et Richard Delgado, <u>No Mercy</u>, (Philadelphia : Temple

Le même ciblage et la même formule sont utilisés lors des campagnes de *direct-mail*. Téléphones et télécopieurs sont sans cesse mis à contribution pour informer les fidèles, solliciter et encourager les nouveaux sympathisants à écrire aux rédacteurs des différents journaux pour une cause précise ou une autre, à envoyer des dons et à prendre contact avec leurs représentants au congrès. Toute personne susceptible d'être intéressée par les idées conservatrices sera contactée et encouragée à contribuer d'une manière ou d'une autre à la cause. Journalistes, congressistes et tous ceux qui ont un impact direct sur l'opinion publique sont fichés et sollicités en un instant par les groupes de réflexion si besoin est.[174]

Plus les conservateurs parviennent à mobiliser l'attention des médias sur un problème particulier, plus l'argent continue à affluer. Plus l'argent afflue, plus la machine de propagande est en mesure de multiplier la couverture médiatique de ses idées et ainsi de diffuser son message. Les gens lisent, les gens donnent, et c'est la cause du conservatisme qui gagne du terrain, l'argent des grandes sociétés coule à flots dans les coffres des fondations ; le congrès vote en fonction de ce qu'il perçoit être le nouveau consensus ; plus d'argent circule ; la culture change et le pays se déplace un peu plus vers la droite.[175]

UP., 1996), 143.
174. Idem, 144.
175. Ibidem.

Les groupes de réflexion et les instituts conservateurs qui dépendent des fondations servent en quelque sorte de mini-universités sans les étudiants. Ils fournissent les assistants de recherche, les locaux où cette recherche peut se poursuivre, les instruments de cette recherche, la proximité et l'assistance d'autres chercheurs, le prestige et des compensations financières généreuses.

7. L'attaque contre les Pauvres et l'État Providence

Le programme, *Aid to Families with Dependent Children* (AFDC) l'essence de ce à quoi on se réfère quand on parle de *welfare* ou assistance sociale, faisait partie d'un programme plus général de sécurité sociale voté en 1935. Au départ, il fut limité aux veuves et aux orphelins de race blanche qualifiés de bénéficiaires méritants. L'assaut organisé contre l'assistance publique a coïncidé avec l'arrivée en masse des Noirs aux guichets de cette assistance publique. Avant 1960, la plupart des États du Sud développèrent des subterfuges pour exclure les Noirs des programmes de l'assistance publique et plus particulièrement de l'AFDC. Pendant les années soixante, plusieurs facteurs, dont le passage de la nouvelle législation en faveur des droits civils, contribuèrent à l'élimination de ces subterfuges et à la démocratisation de l'assistance publique. L'écrasante majorité de ses bénéficiaires restait blanche.[176]

---

176. Voir Jerome L. Himmelstein, To the Right : The Transformation of American Conservatism, (Berkeley : U. of California P., 1990) 65.

La droite amalgame le programme de Guerre contre la pauvreté de président Johnson au communisme, elle utilisa tous les moyens à sa disposition, y compris le racisme, pour discréditer les mesures de protection sociale. Elle tenait le mouvement pour les droits civils pour responsable de l'érosion de la loi et de l'ordre, et fit des Noirs des boucs émissaires.

Les conservateurs propagent la notion que les bénéficiaires de l'assistance publique seraient à la fois fainéants et mentalement débiles. Son montant est insuffisant pour entretenir un individu, a fortiori, une famille. La majorité des bénéficiaires la trouvent dégradante et démoralisante, lui préférant un emploi bien rémunéré et stable.[177] L'assistance publique permet à ses bénéficiaires de disposer sans frais personnel d'une assurance-maladie ; les pauvres comprennent qu'entre occuper un emploi qui n'offre aucune couverture médicale et les autres avantages de l'assistance publique, et percevoir un revenu même insuffisant, et payer pour une couverture médicale, le choix de l'assistance publique semble le plus logique et le plus avantageux.

L'idéologie conservatrice encourage la création de clichés et autres stéréotypes qui prétendent décrire les femmes noires pauvres comme des escrocs qui s'enrichiraient frauduleusement sur le dos de l'État. Avec

_____

177. Joe Davidson, "Welfare Mothers Stress Importance of Building Self-Esteem If Aid System Is to Be Restructured," <u>Wall Street Journal</u>, 12 mai 1995: A14.

Reagan, le mythe de la *"welfare Queen"* est né et s'avéra avoir la peau dure. Il retirait toute dimension morale à tout un segment de la population, et réduisait l'individu à une somme de pathologies.

En mettant l'accent sur le comportement des bénéficiaires de l'assistance publique, on cherchait à dévier l'attention des électeurs des facteurs économiques et structuraux qui contribuaient à leur situation. On les rendait entièrement responsables de leurs propres déboires.

Les programmes d'assistance publique ont démarré comme des mesures volontaires d'assistance aux pauvres méritants. Par pauvres méritants, on entendait les aveugles, les handicapés, les orphelins, les veuves, tous ceux qui ne pouvaient logiquement être tenus pour responsables de la misère dans laquelle ils se trouvaient. La mythologie américaine veut que la pauvreté est causée uniquement par des défauts de caractère.

La législation mise en place en 1935 pour pallier les effets du chômage recélait elle-même des éléments de cette mythologie. Le programme de AFDC, un fragment de la loi qui établissait la sécurité sociale, offrait une mesure de protection aux enfants qui vivaient avec leur mère, cependant, elle insistait que les bonnes mœurs sexuelles des mères de famille bénéficiaires soient d'abord assurées. [178] Ces règles étaient

---

178. Frances Fox Piven et Richard A. Cloward, Regulating the Poor: The

souvent formulées pour écarter les Noirs du programme en raison de leur taux élevé d'illégitimité, de naissances hors mariage.[179]

Néanmoins, pendant les années soixante, un activisme agressif de la part des organisations de défense des Noirs et de leurs avocats parvint à faire éliminer les barrières administratives limitant l'accès à l'assistance publique. Le nombre de ceux qui furent autorisés à la percevoir augmenta (à un taux de 15%) entre 1965 et 1971, et la majorité de ses bénéficiaires continuait à être blancs.[180]

Les bénéficiaires noirs de l'assistance publique continuent d'être perçues comme des personnes sans mérite, de moralité douteuse, fainéantes et criminelles. Cette atmosphère de confrontation encouragea une attitude revancharde chez les Blancs (particulièrement dans le Sud) ; celle-ci fut exploitée et, à partir des années quatre-vingts, transformée en gains électoraux pour les conservateurs. Le 16 mars 1998, un article du *New York Times* proclamait *"The Solid South Has Switched Sides"* signalant que le Sud était dorénavant dominé par le parti républicain :

Un après l'autre, ils sont tombés. Pendant les trente dernières années chacun des États solidement démocrates de l'ancienne

---

Functions of Public Welfare, (New York: Vintage, 1971) 138 -139.
179. Idem.
180. Irwin Garfinkel et Sara S. McLanahan, Single Mothers and their Children: A New American Dilemma, (Washington, D.C.: Urban Institute Press, 1986) 55 - 57.

confédération a élu des gouverneurs républicains ; chacun, à l'exception de la Georgie [...] S'ils gagnent cette nouvelle course électorale pour le poste de gouverneur de la Georgie, les républicains pourront déclarer avec autorité que leur parti, autrefois méprisé par le Sud blanc, est devenu la force politique dominante de la région [...] Les progrès formidables du parti républicain dans le Sud, enracinés dans le rejet des positions démocrates sur les problèmes économiques et raciaux a joué un rôle important dans la conquête républicaine du Congrès en 1994...[181]

Les conservateurs montèrent une campagne minutieuse contre la politique libérale dite progressiste. Profitant du climat qu'ils avaient instauré, ils furent en mesure de promouvoir leurs programmes. Dans les années quatre-vingts et quatre-vingt-dix, les intellectuels néoconservateurs au sein des groupes de réflexion, avec l'argent des fondations et des multinationales, réorganisèrent la campagne contre le libéralisme démocratique et obtinrent des victoires rapides.

Les conservateurs gagnèrent du terrain dans l'opinion publique en créant des mythes et en les exploitant. La pauvreté matérielle est devenue l'expression de la pauvreté spirituelle. La lutte des classes a été remplacée par la lutte des cultures ; point par hasard, mais bien parce que c'est le discours sur les valeurs qui est plus

---

181. Kevin Sack, "The Solid South Has Switched," New York Times, 16 mars 1998.

susceptible de capter l'attention de la majorité, et d'assurer la domination électorale des conservateurs.

8. Le Choix Scolaire - *School Choice*

Le 'choix scolaire', (school Choice), n'est pas un phénomène nouveau dans le monde de l'éducation aux États-Unis. Au début de la jeune république, toutes les écoles étaient privées ou contrôlées par une petite communauté locale. L'enseignement public fut d'abord établi pendant la période qui suivit la Guerre Civile, connue comme la Reconstruction (1865-1877). Ce n'est que pendant les premières décennies du vingtième siècle qu'il connut une expansion remarquable. Il se développa pendant tout ce siècle, mais d'une façon inégale entre les Noirs et les Blancs, et dans le cadre d'une société profondément ségréguée. Ce n'est qu'en 1954 avec Brown v. Board of Education of Topeka que la cour suprême mit un terme à cette séparation dans la loi.

En 1968, cette même cour suprême se prononça sur Green v. New Kent County school board. Dans un petit comté rural juste en dehors de Richmond, la capitale de la Virginie, plus de 700 enfants noirs et à peu près 600 enfants blancs, éparpillés dans la région, fréquentaient deux écoles, une noire et l'autre blanche. La ségrégation y persistait également parmi les enseignants.[182] La cour suprême cette fois y ordonna l'intégration. Brown v. Board of Education avait interdit la discrimination raciale dans les établissements scolaires publics, et Green allait plus loin en ordonnant explicitement l'intégration. Cette décision marqua un changement profond dans le rôle du système judiciaire. En forçant l'intégration des Noirs et des Blancs, le gouvernement semblait prendre le parti de l'élite libérale noire. Cette intégration devait être réalisée en théorie grâce au 'busing' ou le transport d'enfants de races différentes dans les écoles publiques de communautés différentes de la leur, afin d'arriver à une composition raciale équilibrée dans chacune de ces écoles. Brown n'avait pas exigé de mesures particulières telle que le busing, il avait simplement stipulé qu'il était inconstitutionnel de pratiquer la discrimination dans les établissements publics.

Pour remédier à la ségrégation du passé et réaliser cette intégration, la Cour insista que les transferts d'élèves blancs dans les écoles noires, et les transferts d'élèves noirs dans les écoles blanches étaient nécessaires. En d'autres mots, pour dépasser la race comme facteur social déterminant, il fallait d'abord l'utiliser délibérément. C'est en 1971 que la Cour

---

182 Jack Greenberg, <u>Crusaders in the Courts</u>. (New York: Basic. 1994) 383.

Suprême se prononça sur Swann v. Charlotte Mecklenburg Board of Education. Cette décision autorisa officiellement pour la première fois le 'busing' comme méthode de déségrégation.[183]

Ce que l'on connaît aujourd'hui sous le nom de "school choice" ou choix scolaire n'est devenu une question d'importance que suite aux changements que le mouvement pour les droits civiques avait encouragés entre 1954 et 1971. On parle de choix scolaire toutes les fois où des fonds publics sont alloués aux familles dans le dessein de les aider à trouver une école (autre que l'établissement public assigné par la proximité géographique) adéquate pour leurs enfants. Le choix scolaire serait en quelque sorte l'équivalent du G.I. Bill. Le G.I. Bill était une mesure qui, après la Seconde Guerre mondiale permit à nombre de soldats de financer des études supérieures qui autrement leur seraient restées inaccessibles. Le gouvernement fédéral distribua à tous soldats ambitieux désireux d'accélérer sa propre réinsertion professionnelle, un chèque destiné à couvrir ses frais d'inscription dans l'école de son choix. Le choix scolaire serait en comparaison un G.I. Bill pour les enfants. L'école choisie pouvait être une autre école publique située dans une autre circonscription, une école privée, religieuse ou laïque.

Ce programme de choix scolaire devait être administré de diverses façons. Celle qui se voit

---

183 Idem, 388.

traditionnellement associée aux conservateurs, devait être par le biais de bons ou vouchers. Une autre, grâce à des réductions fiscales ; une autre grâce à des programmes d'inscriptions libres "Open Enrolment," ou encore grâce aux magnets schools.[184]

Ces programmes engendrent de nos jours une controverse. Avec le système de bons [voucher plan], chaque famille avec enfants en âge de scolarisation recevrait un bon par enfant, qui comporterait chacun la mention de sa valeur monétaire. Cette valeur monétaire représenterait la somme dépensée chaque année par le gouvernement local pour instruire chaque enfant dans le système public. Le coût de revient d'une année dans un établissement public d'enseignement figurerait donc sur le bon. Munie de ce bon, chaque famille serait en mesure de sélectionner un établissement scolaire adéquat et d'acheter de l'instruction pour ses enfants. Elle pourrait facilement choisir de dépenser son bon dans une école publique plus performante ou dans une école privée. L'établissement sélectionné enverrait le bon au siège de l'administration locale des écoles publiques en échange de la somme inscrite. Les parents paieraient la différence eux-mêmes lorsque l'établissement sélectionné coûterait plus que la valeur du bon.

---

184 Les magnets schools sont des écoles publiques très compétitives qui se spécialisent dans une discipline particulière et cherchent à faciliter l'intégration en attirant les meilleurs élèves noirs et blancs.

Un programme d'inscription libre (open enrollment) est semblable à un système de bons, voucher system, sauf que le choix s'y limite aux écoles publiques des circonscriptions scolaires avoisinantes.

Pour les segments les plus conservateurs de la population, le choix scolaire fut d'abord une alternative désirable face à ce qu'ils considéraient être la faillite du système public. Quand la Cour Suprême ordonna la déségrégation scolaire, certains districts, plutôt que d'imposer l'intégration, offrirent comme échappatoire le "Free Choice" - le libre choix - une possibilité de contourner l'injonction de la cour en choisissant l'école publique de ses enfants. Cette astuce avait ses limitations, par exemple, elle exigeait que les élèves qui habitaient plus près des écoles soient admis en premier, et elle imposait souvent des limites arbitraires à la capacité des écoles à contenir un nombre donné d'élèves, ce qui forçait beaucoup d'autres à opter pour leur deuxième ou troisième choix. Dans de telles circonstances les écoles blanches ne reçurent que très peu d'élèves noirs et les écoles noires ne reçurent aucun élève blanc. Le but était atteint !

Afin de contourner l'ordre de la cour suprême, certaines circonscriptions du Sud instituèrent également un système de bourses qui devaient être distribuées aux familles blanches afin de les aider à envoyer leurs enfants dans des écoles privées. Certaines écoles privées furent complètement subventionnées par ces bourses et alimentées par la fuite blanche. Les cours fédérales reconnurent rapidement ces tentatives de contournement de la loi et y mirent un terme.

Le choix scolaire a des défenseurs et des détracteurs à gauche comme à droite. Le mouvement pour le choix scolaire à gauche désire plus de choix au sein même des écoles publiques. Le mouvement pour le choix scolaire à droite désire la généralisation des bons [vouchers] dans l'intérêt des écoles privées et de la conception qu'il se fait de la liberté. Diverses villes démocrates, au vu des résultats médiocres obtenus par leurs systèmes scolaires se sont tournées vers le choix scolaire afin de remédier à une situation tragique. D'autres l'étudient. Au lieu de servir à faciliter la fuite des Blancs des écoles publiques urbaines, il est utilisé pour faciliter le départ des élèves pauvres les plus prometteurs hors des écoles publiques des quartiers défavorisés. Les supporters du choix scolaire se recrutent dorénavant davantage parmi les couches minoritaires et défavorisées des centres urbains. Ils veulent les mêmes chances de réussite scolaire pour leurs enfants que celles dont bénéficient les couches les plus aisées de la population.

C'est la faillite du système scolaire public dans les ghettos qui a motivé les attaques dont l'enseignement urbain fait l'objet de toutes parts. Les médias ont pris d'assaut cette institution dite moribonde qu'est devenu l'enseignement public, en milieux urbains appauvris. Dépourvues de ressources suffisantes, gérées par des administrateurs parfois incompétents, limitées par des règlements inadéquats, physiquement délabrées, au service quasi exclusif de populations pauvres, sans cesse à cours de personnel, abritant une délinquance et une violence sans pareil dans le monde industrialisé, les écoles publiques des centres urbains américains seraient devenues complices du génocide d'une frange de la jeunesse noire.

Remarquables dans certaines banlieues huppées, excellentes ou au pire acceptables dans bon nombre de petites villes ou de régions rurales et considérées comme horribles dans les centres villes ; voilà le schéma général des écoles publiques aux États-Unis. L'éducation des enfants noirs des familles pauvres est certainement la plus grande tragédie du monde de l'éducation américain.

De nos jours, le pouvoir de l'école publique comme instrument de promotion sociale est incertain en milieu urbain. Un diplôme n'est plus une garantie d'alphabétisation. Quand l'instruction perd son prestige, elle devient vulnérable aux assauts de la logique du marché. Les familles noires qui sont souvent piégées dans ce dilemme scolaire désirent exercer leurs droits de consommateurs à leur guise et, en se faisant, tombent d'accord avec les conservateurs sur la question des "vouchers." Le choix scolaire rendrait aux parents leur pouvoir de décision.

Le parent et l'enfant sont les consommateurs, l'enseignant et l'administrateur, les pourvoyeurs... Les enseignants, les administrateurs et les délégués syndicaux ne sont pas différents de nous autres. Ils sont peut-être parents, eux aussi, et désirent sincèrement un bon système scolaire ; cependant, leurs intérêts en tant qu'enseignants, administrateurs, délégués syndicaux sont différents de leurs intérêts en tant que parents et de ceux des parents des enfants avec lesquels ils travaillent. Leurs intérêts peuvent être mieux servis par une plus grande centralisation et bureaucratisation alors même que cela n'est pas le cas pour les parents - en fait, leurs intérêts sont servis précisément quand ils réduisent le pouvoir des parents.[185]

Les parents de ces enfants défavorisés, comme le reste de la population, choisissent leurs emplois, leurs domiciles, leur nourriture, les magasins où ils font leurs courses ; pourquoi donc, disent les conservateurs, ne pourraient-ils pas aussi choisir à leur guise l'école de leurs enfants ? Ouvrir les écoles publiques à la concurrence, c'est les forcer à améliorer la qualité de ce qu'elles offrent et les contraindre à faire le nécessaire pour regagner la confiance du public.

L'instruction était autrefois le billet d'un enfant pauvre hors de la pauvreté, aujourd'hui elle semble faire partie de l'arsenal qui l'y maintient. Le "choix scolaire" suscite une

---

185 Milton et Rose Friedman, Free to Choose. (New York: Harcourt Brace Jovanich, 1980) 157.

controverse parce que ceux qui disent en avoir le plus besoin, les pauvres, posent problème. De plus, le "choix scolaire" réduirait les fonds nécessaires au fonctionnement du système public d'enseignement. Certains conservateurs craignent que de l'argent public mis au service d'établissements privés conduise à plus d'ingérence gouvernementale dans les affaires de ces établissements privés. Pour cette raison, nombre d'entre eux ont renoncé au "choix scolaire" comme option et préfèrent laisser l'État libre de disposer de son monopole sur l'éducation des masses, et abandonner la lutte pour le contrôle de l'enseignement aux États-Unis.[186]

Ces conservateurs voudraient épargner aux écoles privées ce qu'ils considèrent être la tragédie des écoles publiques : une croissance de la centralisation et de la bureaucratisation des écoles publiques, une croissance paralysante du rôle du Gouvernement. L'argument progressiste le plus commun contre le "choix scolaire" est qu'il priverait les écoles publiques de leurs financement au profit d'écoles privées. L'objection de certains conservateurs est qu'il permettrait au gouvernement d'attenter l'asphyxie des écoles privées. Cependant, le mouvement en faveur du "choix scolaire" est bien entamé dans plusieurs régions.

Afin de mitiger les effets de la faillite des

---

186 John J. Miller, "Opting Out." The New Republic. 20 novembre 1992. 12.

écoles publiques en milieu urbain, des parents créatifs ont proposé et ont établi des programmes scolaires insolites et souvent bien plus efficaces que ceux qu'ils cherchaient à éluder. Beaucoup de leurs enfants avaient été diagnostiqués, souvent incorrectement, comme souffrant d'un handicap mental ou émotif limitant leur capacité cognitive. Ces parents, dans un esprit de prise en charge, ont initié un mouvement alternatif d'écoles indépendantes de quartier. Ces écoles sont principalement financées par les maigres ressources des familles qui y envoient leurs enfants, ainsi que par des collectes de fonds. Les parents fournissent souvent à l'école le papier, les crayons, les stylos, et les ordinateurs qui lui font défaut.

Quelques familles pauvres ne sont pas les seules à avoir mis leurs ressources en commun pour offrir une alternative à leurs enfants ; des églises de quartiers, elles aussi, ont offert une alternative à leurs paroissiens démunis. Il semblerait que dans leurs établissements les enfants obtiennent des résultats supérieurs à ceux de leurs camarades dans le système public.

En 1983, le National Commission on Excellence in Education publia un rapport, "A Nation at Risk", Une nation en danger. Ce rapport faisait le bilan de la situation des États-Unis et concluait :

Notre nation est en danger. Notre prééminence commerciale, industrielle, scientifique et notre créativité technologique sont en train d'être surpassées par nos concurrents partout dans le monde ... Les fondements éducatifs de notre société sont en train d'être érodés par une vague de médiocrité qui menace notre avenir en tant que peuple et nation ... Nous devons nous dévouer à une réforme de notre système éducatif au profit de tous.[187]

D'autres groupes ne tardèrent pas à joindre leurs voix à cette critique cinglante du système éducatif. Des réformes furent rapidement initiées. La première vague de réformes mit l'accent sur la responsabilité des enseignants et des élèves eux-mêmes. Quarante-cinq États exigèrent que les critères d'obtention des diplômes soient rendus plus stricts. La seconde vague de réformes commencée en 1986 fut motivée par la parution de <u>A Nation Prepared: Teachers for the Twenty-first Century</u>, Un rapport publié par le Carnegie Forum on Education.[188] Le document préconisait une restructuration complète du système scolaire, une certification plus rigoureuse des enseignants, et davantage de contrôle pour les parents et les élèves eux-mêmes. Ce qui eut pour effet une plus grande décentralisation et un plus grand "choix scolaire," au moins, dans les districts disposés à suivre les recommandations. Le monopole du gouvernement sur l'éducation

187 National Commission on Excellence in Education. A Nation at Risk: The Imperative for Educational Reform. (Washington D.C.: Government Printing Office. 1983).

188 Carnegie Task Force on teaching as a profession. <u>A Nation Prepared: Teachers for the Twenty First Century</u>. (Washington D.C.: Carnegie Forum on Education and the Economy. 1986).

des masses fut accusé d'être la cause principale de la sclérose de l'éducation publique : "Nous avons administré nos écoles de la même façon que l'Union soviétique et ses États clients ont dirigé leurs économies... Les monopoles bureaucratiques ne marchent pas, et les réformes n'arrangent rien."[189]

Le choix scolaire reste cependant une solution partielle, un des éléments à la disposition de ceux qui cherchent à optimiser la performance des écoles américaines. Dans son soutien pour le "choix scolaire" la masse des Noirs s'oppose aux leaders désignés des organisations libérales de défense des Noirs. Plus les statistiques sur la performance générale des Noirs en tant que groupe périclitent, plus le soutien pour le "choix scolaire" gagne du terrain au sein même des organisations libérales de défense des Noirs. Ainsi, le Congress of Racial Equality, se démarquant des autres organisations, a rendu public son soutien au "choix scolaire".[190]

En 1991, des pédagogues noirs, frustrés par l'échec du système d'enseignement en milieu urbain, proposèrent de former des écoles réservées à l'usage exclusif des garçons noirs. Cette proposition engendra une grande controverse sur le plan national. Certains

---

189 "Schmoke looks to Right in bid to save city schools." Baltimore Sun. 14 mars 1996. 1A.

190 Milton et Rose Friedman, Free to Choose. (New York: Harcourt Brace Jovanich, 1980) 166.

systèmes scolaires, en dépit de la controverse, décidèrent de la réaliser à titre expérimental.

Les garçons souffrant d'une façon disproportionnée des effets de la pauvreté, de la violence et de l'instabilité familiale, il fallait donc leur accorder une attention toute particulière. Les garçons privés d'un père à la maison - deux tiers des élèves de sexe masculin à Milwaukee, la ville où ce projet fut mis en oeuvre - n'ont pas un très bon rapport avec l'autorité à l'école ;[191] ils sont victimes de meurtres, emprisonnés, démesurément affectés par le chômage et l'analphabétisme à un taux si élevé que certains parlent de génocide.

Ces écoles pour garçons noirs sont dirigées de la même manière que le sont les écoles privées catholiques au service des mêmes populations noires des quartiers défavorisés. Ces écoles catholiques ont réussi là où les écoles publiques avaient échoué. Elles produisent de jeunes diplômés destinés à l'université et à une vie productive. Les écoles pour garçons noirs comme les écoles catholiques insistent sur la discipline et la rigueur académique. Cette tendance au séparatisme participe d'un mouvement plus large. Les écoles américaines seraient en voie de re-ségrégation. Ce phénomène semble plaire à certains membres de la bourgeoisie noire :

Les Noirs combattent la ségrégation légale

---

191 James Traub, "Ghetto Blasters: The Case for all Black Schools." New Republic. 15 avril 1991. 21.

depuis un siècle déjà, depuis que la décision de la cour suprême Plessy v. Ferguson accepta le concept de séparé mais égal. Finalement, avec Brown v. Board of Education en 1954, la cour avait entamé la déségrégation en déclarant qu'une distribution scolaire séparée est de façon inhérente inégale. Maintenant, qu'ils assistent à la re-ségrégation des écoles de leurs enfants, certains Noirs américains insistent que séparé n'est pas forcément inégal. Ils ne préconisent pas un retour à la ségrégation légale, mais ils se soucient plus de s'assurer que les écoles sont bonnes, plutôt que de s'assurer qu'elles sont racialement mixtes, et ceci même s'il s'avère qu'elles sont dans les faits ségréguées. Les Noirs ne partent pas expressément à la recherche d'écoles noires. Ils n'essayent pas de recréer la ségrégation. Ils acceptent qu'il n'y a rien de mal à avoir une école entièrement noire... Si les Blancs arrêtaient de déménager, on pourrait avoir des écoles mixtes.[192] Lorsqu'on leur demandait de choisir entre une école locale, généralement ségréguée, et une école mixte, en dehors de leurs communautés, 64% des Noirs et 88% des Blancs interrogés disaient préférer une école locale.[193]

Daniel McGroarty, l'auteur de <u>Break These Chains. The Battle for School Choice,</u> choisit de présenter le "choix scolaire", qu'il préfère qualifier de "parental Choice Program" comme

---

192 James Bock, "Resegregated schools not all bad, some say." The <u>Baltimore Sun</u>. 20 mai 1996. 4A.

193 Idem.

un problème moral, et même une "extension de la croisade pour les droits civiques."[194]

Il relate la bataille d'une femme noire seule et pauvre, mère de quatre enfants, ancienne bénéficiaire de l'assistance publique, contre le conseil d'administration scolaire de la ville de Milwaukee pour l'affectation de sa fille dans une école locale convenable et de son choix. La femme en question est Polly Williams. Elle est devenue depuis le symbole de la lutte en faveur du "choix scolaire." Ses efforts d'organisation des parents pauvres de la ville de Milwaukee lui ont valu publicité, honneur et enfin un siège à la chambre des représentants de l'État de Wisconsin. Elle demeure au parti démocrate malgré ses alliances républicaines et ses nombreux ennemis dans le camp démocrate. Depuis 1980, elle a été élue et réélue plus de sept fois pour représenter sa circonscription à l'assemblée générale du Wisconsin.[195]

Ce qui n'apparaît pas clairement dans l'ouvrage de Daniel McGroarty, c'est le rôle de son employeur, le Bradley Foundation, dans le succès de cette bataille en faveur du "choix scolaire." La participation de Bradley Foundation dans la bataille en faveur du "choix scolaire" est utile pour illustrer la stratégie de financement d'une fondation conservatrice autour d'un problème politique spécifique. L'argent de

---

194 Daniel McGroarty, <u>Break these Chains. The Battle for School Choice.</u> (Rocklin, California: Prima, 1996) xiv.

195 Idem, 57-58.

Bradley Foundation a subventionné, au fil du temps, de nombreux groupes qui s'érigent contre l'opposition du gouvernement démocrate au "choix scolaire." La fondation a financé des études en faveur du "choix scolaire", elle a accordé des subventions aux parents désireux de retirer leurs enfants des écoles publiques, et les a représentés et défendu au tribunal.

En 1989, le corps législatif du Wisconsin adopta un programme limité de "choix scolaire" qui ne tarda pas à se voir contester par le syndicat des enseignants du Wisconsin, la NAACP et le American Civil Liberties Union. Le Bradley Foundation contribua immédiatement au financement de la défense du programme aux tribunaux.[196] La contribution de la fondation arriva sous la forme d'un don de 180,000 dollars au Parental Assistance Center de Milwaukee, fondé par les auteurs de la loi en faveur du "choix scolaire."[197]

Le programme limité de "choix scolaire" finit par triompher et évolue dorénavant sans grande fanfare à Milwaukee. L'idée fait son chemin et plusieurs plans sont en discussion pour reproduire le programme de Milwaukee dans d'autres villes. Cependant, ils se sont tous heurtés à la ferme opposition du gouvernement de Bill Clinton. Entre 1990 et 1992, le Bradley

---

196 James Barnes, "Banker with a Cause. National Journal. 6 mars 1993. 566.

197 Barbara Miner, "The Power and the Money: Bradley Foundation and Milwaukee." Rethinking Schools. Printemps 1994, volume 8, N° 3.

Foundation avait alloué 780000 dollars au Educational Excellence Network pour promouvoir la cause du "choix scolaire." L'argent coule à flots dans les fondations conservatrices et ne s'arrête de couler pour résoudre un problème politique spécifique que lorsque celui-ci est résolu. Alors, il va au financement de la résolution conservatrice d'un problème différent.

9. La Droite Religieuse

Les groupes chrétiens fondamentalistes, se sentant frustrés par ce qu'ils considéraient être le déclin moral de l'Amérique, œuvraient à transformer la donne. Au cours des années soixante-dix, l'émergence de la droite religieuse fut une réaction face à la permissivité des années soixante. Jerome Himmelstein lie "l'émergence de la nouvelle droite religieuse aux retombées du mouvement en faveur des Droits civiques des minorités, la guerre du Vietnam, et le Watergate qui ont progressivement brouillé la fine ligne entre la moralité et la politique vers la fin des années soixante et le début des années soixante-dix, et ont légitimé la promotion des questions morales dans un contexte politique."[198]

En 1997, c'est la Christian Coalition de Pat Robertson et de Ralph Reed fondée en 1979 qui reprit le flambeau du fondamentalisme religieux. Les chrétiens fondamentalistes sont d'avis que leur pays est en train de vivre une guerre

---

198 Jerome L. Himmelstein, <u>8:10 AMo the Right: The Transformation of American Conservatism</u>. (Berkeley: University of California Press, 1990) 125.

culturelle plus fondamentale encore que ne le fut la Guerre froide, car c'est d'une guerre pour l'âme de l'Amérique qu'il s'agirait.

L'avortement, en particulier, provoqua et provoque encore des prises de position et des comportements d'une virulence extrême. La volonté des religieux de 'protéger des "vies innocentes" se transforma en une croisade qui permit l'alliance de l'église catholique à des églises protestantes et à des groupes juifs conservateurs. L'avortement, la prière à l'école, le contenu des livres scolaires, le contrôle fédéral des écoles paroissiales, l'E.R.A (Equal Rights Amendment) - l'Amendement en faveur de l'Égalité des Droits - [qui devait permettre l'émancipation de la femme], ont été les chevaux de bataille de cette droite religieuse. Selon Jerry Falwell, c'est la négation de Dieu qui était la cause du déclin morale de l'Amérique et de sa "faiblesse" face à l'URSS.

La droite religieuse s'oppose à l'avortement qu'elle assimile au meurtre, au contrôle fédéral des écoles paroissiales qu'une aide financière de l'état ne pourrait qu'accroître, à l'E.R.A. parce qu'opposée à la libération de la femme que celui-ci facilite. Elle est favorable à la prière à l'école qui en éliminerait le caractère laïque, à l'élimination des théories évolutionnistes Darwinistes des manuels d'histoire afin de combattre les progrès de l'athéisme et de ce qu'ils appellent l'humanisme laïc. En 1986 le philosophe et théologien noir Cornel West notait qu'un phénomène angoissant bien qu'encore discret, est en train de pointer son visage hideux sur l'Amérique noire : l'émergence d'une aile conservatrice, voire réactionnaire au sein de la religion noire, particulièrement dans les églises. Une des plus éclatantes illustrations de ce phénomène est la participation de religieux noirs à la "Majorité Morale" du révérend Jerry Falwell, avec ses croisades vicieuses contre l'avortement, les droits des homosexuels et des lesbiennes, les écoles laïques, ou le gouvernement Sandiniste au Nicaragua. Ce qui est nouveau, ce ne sont pas les idées conservatrices des religieux noirs sur ces questions, mais le fait qu'ils participent à des mouvements organisés.[199]

Ce phénomène bien qu'à première vue surprenant, participait d'une tendance distincte de la droite, sous ses multiples formes, dans son effort de perversion de la donne politique et de la culture électorale américaine : le recrutement des minorités. La religion organisée a une influence conservatisante. L'alliance de certaines églises noires avec une droite religieuse connue pour son manque de sensibilité envers les minorités est un phénomène angoissant.

Néanmoins, la machine politique de Pat Roberston - la Coalition Chrétienne - a fait peu de progrès dans ces communautés. Elle demeure une organisation blanche essentiellement soutenue par des églises fondamentalistes

---

199 Cornel West, "La religion dans l'Amérique Noire." Les Temps Modernes. Paris. No. 485, décembre 1986. 134.

blanches.[200] La coalition compte partiellement gagner le soutien des minorités en leur octroyant des dons financiers. Le groupe fournit une aide financière a 1000 églises. Dans l'optique d'attirer une partie de l'électorat noir au parti républicain. Une poignée du clergé noir travaille avec la Coalition Chrétienne. L'évêque Earl W. Jackson de Boston y est responsable du développement communautaire (recrutement), et le pasteur Lawrence Haygood de Tuskegee, Alabama lui sert de recruteur national. Le 30 janvier 1997, pasteur Haygood déclarait à propos de Ralph Reed, un des dirigeants de la coalition : "Nous autres dans la communauté noire avons cherché un messie à la peau noire, mais il ne s'est pas révélé sous une peau noire. Il s'est révélé sous une peau blanche, en la personne de Ralph Reed."[201]

La coalition n'a jamais soutenu les droits civiques des Noirs, en fait, un de ses défenseurs au Congrès, le sénateur Jesse Helms, un ancien ségrégationniste de la Caroline du Nord monta une campagne électorale en 1990 autour de stéréotypes raciaux. La coalition travailla étroitement avec la campagne de Helms cette année-là, et Reed fut responsable de sa victoire face à un candidat noir, Harvey Gantt.[202] Le

---

200 Rob Boston, "Ralph Reed's War on Poverty: Hope or Hype? The Christian Coalition Samaritan Project' targets the poor, but critics say repeal of Church-State separation remain top goal." <u>Church & State Magazine</u>. Mars 1997.

201 Idem.

202 Ibidem.

président de la coalition aux États-Unis, Pat Robertson, fut considéré comme le plus grand apologiste du régime d'apartheid de l'Afrique du Sud.

L'accueil que Earl W. Jackson reçut dans certaines communautés noires chrétiennes soulignait à quel point son message et sa personne n'étaient pas toujours les bienvenus : [A]lors que le pasteur africain américain parcourait le pays et apportait la bonne parole [conservatrice] aux autres pasteurs noirs, il tombait souvent sur un scepticisme intense. Non seulement les autres pasteurs étaient perplexes quant aux motivations profondes de la coalition, dont les membres étaient perçus comme des piliers de la ségrégation dans le Sud de Jim Crow, mais ils remettaient aussi en question le caractère même de Jackson. « Qu'est-ce qui ne va pas chez lui ? A-t-il perdu la tête ? »[203]

La droite religieuse évite soigneusement de formuler les débats en termes économiques, c'est en termes moraux qu'elle préfère les définir ; cependant son programme, sous des aspects moraux, se veut essentiellement économique. Pour recruter les Noirs, les fondamentalistes chrétiens exploitent une homophobie notoire, et leur conservatisme social. Ce qu'ils veulent c'est que la communauté noire adopte plus complètement le mode de vie et le conformisme anglo-saxon, les valeurs conservatrices,

---

203 Michael A. Fletcher et Thomas B. Edsall, "Black Conservatives Shunned as Heretics." <u>Washington Post</u>. 1er août 1998. A3.

chrétiennes et patriarcales, ce qu'ils appellent les valeurs familiales traditionnelles. Le multiculturalisme, la gauche et les démocrates concurrencent tant bien que mal une droite qui se revendique universelle tout en défendant les intérêts particuliers du patriarcat des magnats de l'industrie.

Les discours trompeurs sur la moralité donnent à certains le sentiment d'avoir mis le doigt sur la source des problèmes les plus graves de la communauté noire, quoique inadéquats dans la résolution des problèmes associés à la pauvreté et au sous-emploi. La droite religieuse exprime bien haut son soutien pour les valeurs familiales tout en continuant de donner sa bénédiction à la cupidité des milieux d'affaires qui décime les communautés les plus fragiles. La droite chrétienne doit faire oublier son soutien pour les guérillas impérialistes de Reagan et de Bush en Amérique Centrale et en Afrique australe. Elle doit faire également oublier son racisme; sa part incontournable dans le péché originel de l'Amérique.

C'est la persistance et la vraisemblable cohérence du message de la droite religieuse qui incitent des millions d'Américains à s'y joindre. Ce mouvement politico-religieux se fonde sur des principes que beaucoup partagent et trouvent irrésistibles. Pour beaucoup, le problème n'est pas un capitalisme déréglementé, mais l'immigration qui, d'après eux, entraverait leurs chances de développement économique; ou encore les femmes qui, en occupant des emplois, priveraient les hommes d'emplois stables. Ils déplorent la criminalité adolescente élevée et blâment les syndicats d'enseignants.

La droite est parvenue à rendre chrétiens intégristes et ouvriers en voie de déclassement favorables aux milieux d'affaires. C'est dans le Sud que cet assemblage a été le plus efficace, au point d'y condamner le Parti démocrate à une certaine marginalité. Pendant que la gauche cultivait ses différences, la droite constituait ses majorités.

Changer les termes du débat politique, c'est probablement la plus grande réussite de l'appareil idéologique du mouvement conservateur. Ce faisant, il a créé un concurrent redoutable pour les centres de recherche universitaire en sciences sociales : les groupes de réflexion. En présentant leurs idées comme bénéfiques au plus grand nombre, les conservateurs se sont assurés une audience. Alors qu'autrefois ils auraient suscité un rire moqueur dans les cercles intellectuels, aujourd'hui leurs opinions passent pour acceptables auprès d'un segment important de la population américaine, comme l'attestent la réception en 1984 de Losing Ground, et celle en 1994 de The Bell Curve de Charles Murray ; chacun figurait sur la liste des Best-Sellers. La controverse suscitée par ces deux livres n'a fait que renchérir leurs thèses et leur popularité.

La résurgence récente de la droite conservatrice s'est construite sur la peur et la nostalgie plutôt que sur de vraies solutions économiques aux véritables problèmes de l'Américain moyen. Les conservateurs s'en sont pris aux bénéficiaires de l'assistance publique, aux minorités ethniques et raciales, aux immigrés, aux femmes, à tous ceux dont le statut dans la démocratie américaine se trouve fragilisé par un manque de sécurité économique, et ils les ont souvent beaucoup utilisés pour légitimer leur cause et se donner bonne conscience. Les attaques contre l'État providence et la défense de la propriété privée, du rôle traditionnel de la femme et des valeurs américaines traditionnelles leur ont permis de recruter des hommes frustrés, à la recherche de boucs émissaires.

10. L'aide Sociale ou l'État contre les Noirs

Bien avant l'élection de Barack Obama, pour séduire l'électorat noir, le parti républicain essaya de changer son image. Il était et demeure largement perçu comme un parti d'hommes blancs. Pour séduire les Noirs, il devait s'intéresser aux questions qui mobilisaient leur attention : la crise de l'enseignement public en milieu urbain, la criminalité, la lutte contre la drogue, la lutte contre la pauvreté, la désintégration de la famille traditionnelle, la discrimination...

Le parti républicain doit aussi transformer l'image qu'il se fait des Noirs. Les républicains voient les Noirs comme autant de marxistes solidement ancrés dans le parti démocrate. Il apparaît que les Noirs dans l'ensemble sont bien plus conservateurs qu'ils ne croyaient. D'après un sondage du *Center for Media and Public Affairs* de Washington, en moyenne les Noirs sont plus conservateurs que leurs leaders.

40% des leaders noirs étaient en faveur de la prière à l'école contre 83% des Noirs pris dans leur ensemble ; 33% des leaders noirs étaient en faveur de la peine de mort contre 55% des Noirs pris dans leur ensemble ; 14% des leaders noirs étaient en faveur de l'interdiction de l'avortement contre 43% des Noirs dans leur ensemble ; 65% des leaders noirs étaient en faveur de peines de prison plus lourdes pour les criminels contre 84% des Noirs pris dans leur ensemble ; 68% des leaders noirs étaient en faveur du *busing* contre 47% des Noirs pris dans leur ensemble ; 74% des leaders noirs rapportaient avoir été victimes de la discrimination dans l'emploi contre 40% des Noirs dans leur ensemble ; 77% des leaders noirs disaient être favorable à la politique préférentielle (Action affirmative) contre 23% des Noirs dans leur ensemble.[204] Le conservatisme des Noirs est souvent plus une affaire de valeurs culturelles que de politique électorale.

Ces chiffres donnent lieu à une surenchère de la part des conservateurs noirs eux-mêmes. Jay A. Parker, le président d'un petit groupe de réflexion basé à Washington, le *Lincoln Institute*, déclara : « Ce sondage montre bien que les prétendus leaders, ainsi désignés par les médias, continuent d'être déphasés par rapport au Noir américain moyen.[205] »

Un des reproches que les conservateurs noirs adressent à la direction du parti

---

204. "Who Speaks for Black America?" Public Opinion, août/septembre 1985, 41 - 45.
205. Jay A. Parker, "Are Black Leaders Out of Touch ?" Insight, 30 septembre 1985.

républicain est son manque d'effort pour courtiser les Noirs pendant les campagnes électorales. À chaque fois que le parti républicain réussit à remporter des voix chez les Noirs, l'aile la plus conservatrice du parti prend peur et s'évertue à invalider les gains en réaffirmant son dédain pour un vote qui risquerait d'aliéner la base sudiste de la coalition. Dans leur entreprise de séduction de l'électorat noir, les républicains buttent contre un dilemme supplémentaire : afin d'attirer les Noirs, ils doivent leur présenter des candidats républicains noirs, mais pour ce faire, ils doivent d'abord disposer d'un nombre suffisant de républicains noirs prêts à faire campagne pour un poste électoral ; ce qui leur fait défaut. Il existe seulement un petit nombre de républicains noirs élus au niveau des États et au niveau local, et ils sont souvent présentés dans les médias comme sans attache réelle dans les communautés qu'ils servent.[206]

En 1994, il y avait 24 candidats républicains noirs pour le Congrès et en 1996, seulement 16. La rédactrice en chef du magazine *Headway* explique ce déclin par l'absence de soutien réel offert aux candidats noirs par le parti républicain.[207] Selon le *Joint Center for Political and Economic Studies*, un petit groupe de réflexion noir basé à Washington, en 1994, il n'y

---

206. Alan Keyes, "My Race for the Senate : Can a Black Conservative Receive a Fair Trial from the American Media ?" Policy Review, printemps 1989, 2 - 8.
207. Steven A. Holmes, "Outreach to Minorities Raises Some Doubts," New York Times, 14 août 1996.

avait en tout que 70 élus républicains noirs dans tout le pays contre plus de 7 500 élus démocrates noirs.[208]

Aussi séduisante que l'idée d'attirer davantage de Noirs au parti républicain puisse sembler à certains républicains, elle recèle un danger qui menace de corrompre les principes et l'idéologie même du parti. Parce qu'ils ne rechignent guère à s'engager dans la politique raciale et à promouvoir les intérêts distincts de leurs multiples clients, les démocrates ont pu conserver le vote noir. Le parti démocrate n'hésite pas à mettre l'appareil de l'État au service d'une plus grande justice sociale.

Venir en aide aux Noirs parce qu'ils sont noirs compromettrait les principes républicains. L'insistance républicaine sur des solutions non raciales aux problèmes sociaux vaut au parti d'être perçu comme mou dans son soutien aux droits civils. Samuel Pierce, un républicain noir qui, sous Reagan, fut ministre du logement et du développement urbain (*Housing and Urban Development*) exhorta son parti à réévaluer certaines de ses positions sur les droits civils, en vain.[209] Certains républicains, comme Alan Keyes, ont poursuivi le parti en justice l'accusant de nuire à une plus grande intégration des Noirs au sein même du parti.

Plus qu'une stratégie qui exploiterait

208. "Is the GOP Serious About Getting BlackVotes ?" National Minority Politics, 30 septembre 1994, 6.
209. Jeffrey M. Elliott, Black Voices in American Politics, (New York : Harcourt Brace Jovanovich, 1986) 128.

l'intérêt des Noirs pour les droits civils, c'est en mettant l'accent sur les possibilités de développement économiques que la direction du parti républicain entend conquérir l'électorat noir. Pour modifier l'image de défenseur des riches qu'il a auprès des communautés pauvres, le parti républicain compte également exploiter des solutions conservatrices proposées contre la pauvreté urbaine. Les *"Enterprise Zones"* censées rénover et redonner vitalité aux quartiers pauvres grâce à l'effort conjugué et au partenariat du secteur privé et du secteur public, représentent une nouvelle approche des problèmes jusque-là incompressibles hérités des programmes de lutte contre la pauvreté de la Grande Société de Johnson. Selon l'ancien candidat à la vice-présidence sur le ticket de Bob Dole en 1996, Jack Kemp, dans 37 États et à Washington, les *"enterprise zones"* ont "sauvegardé et créé un peu plus de 180000 emplois et ont encouragé environ 9 milliards de dollars en investissements privés dans les quartiers pauvres."[210]

Peu se laissent séduire, mais le nombre grandit chez les jeunes. Pour la grande majorité des Noirs, les mots républicains et conservateurs riment avec racistes. Le parti est considéré comme hostile aux intérêts des Noirs et pratiquement rien dans ses agissements et déclarations ne vient réfuter cette perception.

---

210. Jack Kemp, "Tackling Poverty : Market-Based Policies to Empower the Poor," <u>Policy Review</u>, hiver 1990, 3.

Alan Keyes, un républicain conservateur noir du Maryland, candidat au Sénat, haut fonctionnaire dans l'administration Reagan, a accusé à plusieurs reprises les responsables du parti de négligence et d'indifférence envers les Noirs lors de conventions républicaines. Les tribunaux étaient d'accord : le Republican National Committee a été déclaré coupable d'emploi de règlements discriminatoires dans la sélection de ses délégués.[211]

« Les républicains acceptent d'être considérés comme un parti de Blancs et pour les Blancs, [ils sont] prêts à représenter l'Amérique blanche et à défendre ses intérêts. Cependant, les administrations républicaines s'assurent de nommer quelques hauts fonctionnaires noirs, des conservateurs qui se font entendre, ou encore des modérés taciturnes prêts à rester en arrière-plan. »[212] On pense à Colin Powell, ou encore à Condoleeza Rice.

Darlene Addie Kennedy, une noire républicaine, avait la charge de recruter autant de Noirs que possible dans les rangs républicains. Elle coordonnait un programme dit de main tendue (*outreach program*) et travaillait au sein du *New Majority Council* dans le *Republican National Committee* (avec la majorité républicaine au Congrès). Dans un interview accordée au magazine *Headway*, elle expliquait son départ en ces termes :

211. "Taking Blacks for Granted," <u>The Economist</u>, 26 septembre 1992, 25.
212. Andrew Hacker, <u>Two Nations, Black and White, Separate, Hostile, Unequal</u>. (New York : Scribner, 1992) 201.

Je me suis sentie obligé de quitter le NMC pour deux raisons : premièrement, personne n'aurait pu me convaincre après juste quelques mois à mon poste que l'approche du RNC dans sa tentative de recrutement [*outreach*] des Noirs permettrait véritablement d'amener plus de Noirs dans le camp républicain. Deuxièmement, je n'étais pas la bonne personne pour ce poste [...] Bien que j'avais volontairement rejoint le NMC, j'étais sceptique, et je le reste, au sujet de la valeur de la main tendue (*outreach*) à mes compatriotes noirs américains. (*Outreach*) La main tendue ou quelle que soit l'expression à la mode en ce moment, m'a toujours fait penser à des élites condescendantes qui, pour des raisons jamais vraiment nettes, se sentent obligées de nous offrir une carte de membre dans leur club exclusif. Quand j'entends ce mot, je suspecte des motifs qui ne sont ni altruistes, ni égalitaires ; il est très probable que ces élites craignent que leurs avantages soient menacés, à moins qu'ils n'accordent à quelques indésirables une place à leur table. Je ne crois pas au concept de la main tendue. Elle m'est toujours apparue comme une astuce politique malavisée, en dépit d'intentions louables. De plus, personne n'a eu à me tendre la main ; je suis arrivée au parti républicain toute seule, j'y fus chaleureusement acceptée, et je m'y suis senti à l'aise depuis.[213]

La présence en son sein de Noirs permet au

---

213. Darlene Addie Kennedy, "Why I resigned as outreach coordinator for the RNC," <u>Headway</u>, juin 1998, 33.

parti républicain de déjouer les accusations de racisme. Même si nombre de membres du parti préféreraient s'en passer, le soutien des Noirs reste incontournable si les républicains veulent remporter de solides victoires électorales. Jack Kemp, en 1996, semblait pouvoir établir un pont entre son parti, les Noirs et les Hispaniques, il jouissait d'une grande popularité auprès de ceux-ci. Il déclarait en 1994 que « le parti républicain ne pourrait devenir encore une fois le parti de la majorité à moins qu'il ne tende la main à l'électorat noir et aux autres électeurs de couleur. »[214] Ce message avait aliéné les extrémistes au sein du parti républicain.

L'expérience de Clarence Thomas est intéressante parce qu'elle illustre parfaitement le traitement qui, dans l'administration Reagan, dans bien des cas, était accordé aux conservateurs noirs :

Dans les rangs conservateurs, il semblait que les Noirs devaient être tolérés, mais pas forcément accueillis à bras ouverts. Le sentiment que les Noirs ne pouvaient être conservateurs était fort. [...] La pression et l'obligation de sans cesse faire ses preuves planaient sur tous, mêmes sur ceux qui étaient publiquement conservateurs et travaillaient dans le gouvernement de Reagan [...] Quand nous donnions notre avis, il était souvent ignoré. [...] Regrettablement, je ne peux que caractériser l'attitude générale des

---

214. "Is the GOP Serious About Getting BlackVotes ?" National Minority Politics, 30 septembre 1994, 6.

conservateurs blancs envers les conservateurs noirs comme indifférente, à quelques exceptions près.[215]

Si les conservateurs noirs se voyaient ignorés par leurs collègues blancs, ils devaient faire face à la profonde hostilité des autres Noirs. Clarence Thomas devait dire : « Je n'avais pas pleinement réalisé à quel point l'animosité des Noirs pour les conservateurs noirs était profonde. »[216] Les conservateurs niaient la persistance du racisme comme un problème majeur pour les Noirs ; ils s'opposaient à toute législation antiraciste sous prétexte que celle-ci ne pouvait que restreindre la liberté de tous en permettant à l'État de légiférer la moralité privée. La différence pourtant était nette entre le Sud avant les victoires civiques de 1964 et le Sud après les victoires civiques de 1964. Malgré les sentiments racistes, les Noirs ne pouvaient plus légalement se voir refuser une chambre d'hôtel et être forcés de dormir dans leurs voitures sur le bord de l'autoroute comme ce fut le cas auparavant.

Les conservateurs noirs prétendaient avoir réussi dans la vie par leurs propres moyens, sans l'aide de personne, grâce à un labeur assidu, à beaucoup de discipline et une foi sans bornes ; ce qui les menait à dire que s'ils avaient pu réussir en dépit de multiples

---

215. Stan Faryna, Brad Stetson, et Joseph G. Conti, Black and Right. The Bold New Voice of Black Conservatives in America. (Wesport, Connecticut : Praeger, 1997) 8.
216. Idem, 10.

obstacles, tout le monde pouvait réussir. Ils expliquaient les revers de fortune d'un segment important de la population noire par le manque de confiance en soi caractéristique de tous ceux qui investissent dans une perception d'eux-mêmes comme victime.[217] Ils ne reconnaissent pratiquement aucun obstacle structurel ou institutionnel à la réussite économique. Le seul obstacle à la réussite économique, à leurs yeux, est l'absence des valeurs puritaines dont ils se font les défenseurs. Car, « Alors qu'une économie forte pousse les revenus des Noirs vers le haut et réduit la pauvreté, elle ne transforme pas les pratiques néfastes du ghetto, telles que l'abandon du marché de l'emploi, les grossesses illégitimes, la perception de l'assistance publique, ou le crime. »[218]

Ironiquement, une baisse record du taux de la criminalité et des grossesses dites illégitimes, en pleine période de croissance économique, vient démonter cette analyse partisane. Trop souvent, en dépit des preuves du contraire, les conservateurs persistent dans leur assaut contre un État providence qu'ils jugent aveuglément responsable de toutes les pathologies sociales :

Le taux des grossesses pour les femmes noires sans maris, pendant longtemps un point central du débat sur les causes de la pauvreté parmi les Noirs, avait atteint son point le plus bas depuis

---

217. Voir, James Robinson, <u>Racism or Attitude? The Ongoing Struggle for Black Liberation and Self-Esteem</u>. (New York: Insight, 1995).
218. Idem, 211.

40 ans [...] il y avait 74.4 naissances pour 1000 femmes noires sans époux en 1996 [...] un taux bien au-dessous de celui de 1989, le plus élevé, 90.7 naissances pour 1000 [...] Les changements dans le système d'assistance publique n'ont pas été un facteur important [...] le déclin a commencé avant que les États et le gouvernement fédéral ne votent les mesures de réforme.[219]

Les conservateurs noirs passent pour des hypocrites aux yeux de la majorité des Noirs. Parce qu'ils ont tous bénéficié de l'action gouvernementale sous une forme ou une autre, et ont pratiquement tous bénéficié de l'Action affirmative contre laquelle ils s'érigent et qu'ils aident à éliminer. Avec l'aide de Ward Connerly elle n'existe déjà plus en Californie dans l'admission à l'université, d'où un déclin considérable du nombre des Noirs et des Hispaniques qui y sont admis.

George Curry, le rédacteur en chef de *Emerge*, un magazine d'opinions, mena l'offensive dans la presse noire :

Quand les semblables de Ward Connerly, le masque noir de l'argent des conservateurs blancs, montent une campagne nationale pour démanteler l'Action affirmative, nous devons les reconnaître pour ce qu'ils sont, des pantins au service des fanatiques de la droite [...] Il est hypocrite de la part de Connerly d'attaquer

---

219. Steven A. Holmes, "Birth Rate for Unmarried Black Women Is at 40-Year Low," New York Times, 1er juillet 1998.

l'Action affirmative après en avoir profité en tant qu'entrepreneur en Californie. Le juge de la cour suprême Clarence Thomas, qui a fréquenté l'école de droit de Yale grâce à l'Action affirmative, souffre de la même forme d'amnésie intentionnelle.[220]

George Curry fait une distinction entre l'appartenance des conservateurs noirs au parti républicain, qui en soi ne lui pose pas problème, et leur défense d'une idéologie réactionnaire qui, elle, pose problème. Il est important de faire une distinction entre conservatisme et réaction. Bien qu'ils s'identifient comme conservateurs, en fait, les conservateurs noirs et leurs mécènes républicains ressemblent davantage à des réactionnaires. Un conservateur poursuit généralement les mêmes buts qu'un libéral dit progressiste, ils cherchent tous les deux à défendre le capitalisme et à faire avancer le bien public. Ils le font avec des priorités différentes. Le réactionnaire, lui, fait marche arrière, il va dans une direction opposée.

Connerly et Thomas ne sont pas critiqués parce qu'ils sont républicains - autrefois, la plupart des Noirs étaient loyaux au GOP. Ils se font morigéner parce qu'ils ont mis leurs intérêts personnels avant celui de la majorité des Noirs. Ce qui distingue les anciens républicains noirs - comme l'ancien sénateur Edward Brooke du Massachusetts, l'ancien ministre du transport,

---

220. George Curry, "Calling a Puppet a Puppet," <u>Emerge</u>, mars 1998, éditorial.

William Coleman, et l'ancien sous-secrétaire d'État pour le travail, Arthur Fletcher - c'est que bien qu'ils étaient politiquement conservateurs, ils ne vacillaient jamais dans leur soutien à la lutte pour les droits civils. Au contraire, les quelques républicains noirs minutieusement choisis d'aujourd'hui, qui eux ne peuvent se faire élire dans une circonscription noire, semblent prendre plaisir à démanteler les programmes sociaux qui aident notre communauté.[221]

Le juge de la cour suprême, Clarence Thomas, en relatant une anecdote au sujet de sa participation à la conférence de Fairmont qui marqua les débuts officiels d'un mouvement conservateur noir organisé, fit entrevoir que tous les Noirs républicains ne soutiennent pas un assaut grotesque contre les programmes qui ont aidé la communauté noire.

A son retour de San Francisco, où la conférence s'était tenue, le Washington Post avait publié un article qui résumait les opinions, que Thomas avait présenté, et mis l'accent particulièrement sur son opposition au *busing*, à l'Action affirmative et à l'assistance publique. La parution de cet article et le tollé de protestation que ses idées suscitèrent, le forcèrent à admettre : "Beaucoup de Noirs républicains avec lesquels j'avais eu des relations amicales et le plaisir de travailler à Capitol Hill, prenaient leurs distances, et certains se montraient même

---

221. Idem.

hostiles."[222]

L'hostilité ne devait pas uniquement provenir du rang des républicains modérés, mais de partout dans la communauté noire. Le 29 juillet 1998, à Memphis, lors d'une conférence organisée par le *National Bar Association*, à laquelle il avait été convié, (une association d'avocats et de juges qui s'était opposée à sa confirmation à la cour suprême en 1991), Clarence Thomas fit face à ses critiques les plus acerbes. Devant une foule de près de 2 000 personnes, il tenta de justifier sa politique.

Clarence Thomas avait été chargé du discours programme. Immédiatement avant qu'il ne monte au microphone, le juge de l'Illinois, Shelvin Hall, le président du conseil judiciaire du *National Bar Association,* s'empressa de l'accuser d'être un réactionnaire soucieux uniquement d'éliminer les gains obtenus grâce à la lutte pour les droits civils.[223] Immédiatement après son discours, plusieurs centaines d'avocats et de juges noirs se précipitèrent dans une salle séparée pour écouter des analyses critiques de son travail à la cour suprême et des comparaisons peu flatteuses avec celui qu'il remplace, Thurgood Marshall.[224]

Certainement, Clarence Thomas devait

---

222. Stan Faryna, Brad Stetson, et Joseph G. Conti, <u>Black and Right. The Bold New Voice of Black Conservatives in America</u>. (Wesport, Connecticut : Praeger, 1997) 6.

223. Michael Fletcher, "Justice Thomas Faces Down Critics," <u>Washington Post</u>, jeudi 30 juillet 1998, A1

224. Neil A. Lewis, "Clarence Thomas Responds Angrily to His Critics," <u>New York Times</u>, jeudi 30 juillet 1998.

comprendre l'opposition dont il faisait l'objet. Un sondage national conduit par le *Joint Center for Political and Economic Studies* révéla en 1996 que 44% des Noirs lui étaient peu favorables, contre 32%.[225] Dans le discours que Clarence Thomas délivra devant le *National Bar Association*, il reconnut qu'avant sa conversion politique, son attitude envers les conservateurs noirs avait été semblable à celle de ses critiques actuels :

Il est intéressant de se rappeler que quelqu'un m'avait offert un exemplaire du livre de professeur Thomas Sowell, *Education, Myths and Tragedies*, dans lequel il prédisait la plus grande partie de ce qui allait arriver aux Noirs et à l'enseignement. Je l'ai jeté à la poubelle, sans le lire, déclarant que Sowell n'était pas un Noir, qu'aucun Noir ne pouvait défendre les positions qui étaient les siennes, quelles qu'elles puissent être. J'avais entendu dire que ses opinions n'étaient pas celles d'un homme noir. Je fus également contrarié d'entendre parler d'un conservateur noir en Virginie du nom de Jay Parker. Comment était-ce possible qu'un homme noir puisse s'identifier comme conservateur ? Par une ironie du sort, ils sont tous les deux mes très chers amis aujourd'hui, et les mauvais sentiments que j'exprimais à leur encontre pendant ma jeunesse, sont maintenant exprimés à mon encontre.[226]

225. Michael Fletcher, "Justice Thomas Faces Down Critics," Washington Post, jeudi 30 juillet 1998, A1.
226. Richard Grenier, discours entier du juge de la cour suprême,

Les critiques qui lui sont faites servent à illustrer les critiques qui sont généralement dirigées contre la plupart des conservateurs noirs, mais elles sont encore plus pertinentes avec lui car bien que les théoriciens du conservatisme noir contemporain comme Thomas Sowell, Shelby Steele et Robert Woodson lui aient donné les munitions intellectuelles qui alimentent son assaut contre les programmes sociaux, c'est bien lui, Clarence Thomas, qui est le mieux placé pour exécuter les hautes œuvres.

Chacun des théoriciens contemporains du conservatisme noir s'est dévoué à l'étude d'une question qui a eu un impact fondamental sur l'évolution de la pensée et de l'activisme noir aux États-Unis. Thomas Sowell, dans ses multiples livres, s'est intéressé à la relation entre culture, capital humain et échec ou réussite économique. Shelby Steele s'est penché sur la politique préférentielle afin d'en démontrer les effets pervers sur la société dans son ensemble et sur les Noirs en particulier. Et Robert Woodson s'est concentré sur les moyens de permettre aux bénéficiaires de l'assistance publique de transformer leurs circonstances et de devenir des petits entrepreneurs indépendants sevrés d'une aide qui les maintiendrait dans un assistanat déshumanisant.

Clarence Thomas, devant le *National Bar Association* à Memphis, "I am a man, a black man, an American,"<u>Washington Times</u>, vendredi 31 juillet 1998.

11. Thomas Sowell :
Culture et Capital Humain

Thomas Sowell est né le 30 juin 1930 en Caroline du Nord et a grandi à Harlem, New York. Il ne termine pas le lycée et quitte la maison familiale jeune pour travailler. Il s'engage dans la marine où il obtient l'équivalent d'un diplôme du secondaire (le GED - *General Education Diploma*). Il devient photographe sur le front pendant la guerre de Corée entre 1950 et 1954. Son service terminé, il prend des cours du soir à Howard University, à Washington, avant de se rendre à Harvard pour étudier les sciences économiques. Il obtient sa licence avec mention (magna cum laude) en 1958, une maîtrise de sciences économiques à Columbia University, à New York en 1959 ; puis un doctorat en sciences économiques à l'université de Chicago en 1968.

Au début des années 1960, Sowell occupait un poste d'économiste au ministère du travail, puis à AT&T, la plus grande compagnie de téléphone aux États-Unis. Ses grandes passions étant l'enseignement et la recherche, en 1965, sa carrière universitaire débuta à Cornell

University. On le retrouva par la suite sur les campus de Rutgers University, Amherst University, Brandeis University, University of California at Los Angeles et finalement à Stanford University où il fit carrière.

Sowell a eu un impact profond sur la nouvelle génération de conservateurs noirs. Le juge de la Cour Suprême, Clarence Thomas, juste après sa nomination, reconnut son influence. Sowell fut un de ses tous premiers mentors. Sowell, un auteur prolifique, publie livres, articles et éditoriaux avec une grande régularité sur des sujets éclectiques traitant de l'économie, de l'activisme judiciaire, des droits civils, « Comment trouver une bonne université. » Un de ses livres s'intitule *Late-Talking Children.* En 1990, il reçoit le *Francis Boyer Award*, présenté par le *American Enterprise Institute.* Il est *senior fellow* à l'institut Hoover (*Hoover Institute on War Revolution and Peace*), un groupe de réflexion basé sur le campus de Stanford University, en Californie.

Reconnu dans les milieux intellectuels de droite, Sowell était largement ignoré ailleurs. Après l'élection de Ronald Reagan, tout changea. Ses analyses furent grandement sollicitées par les médias et les milieux politiques. Il accepta un poste de conseiller économique du président, mais refusa de rejoindre le cabinet ministériel. Son intérêt restait la recherche. Il attira beaucoup d'attention pour ses remontrances que les Américains seraient devenus les victimes de l'idéologie de l'État providence. Les organisations civiques de défense des Noirs rejetaient Sowell. En 1981, dans un article intitulé '*Blacker Than Thou*,' publié le 14 février dans le Washington Post, il déclara que les Noirs pauvres étaient exploités par l'élite noire dans la poursuite de ses intérêts privés ; des intérêts privés qui se trouvaient aux antipodes de ceux de la masse des Noirs.

Ethnic America fut le premier livre de Thomas Sowell à se pencher sur la culture et les différences ethniques pour expliquer comment différents groupes se sont adaptés à la société américaine. Un soutien du *New York Times Book Review* sur la quatrième de couverture du livre déclare : "*Ethnic America* est l'histoire concise des principaux groupes ethniques et est important en ce qu'il représente une attaque radicale, quoique posée, contre les credo libéraux au sujet des minorités, du racisme, de la ségrégation et de l'Action affirmative."[227]

Dans plusieurs ouvrages : *Ethnic America, The Economics and Politics of Race, Race and Culture, Migrations and Cultures*, Thomas Sowell étudie les comportements des groupes ethniques à l'intérieur et à l'extérieur des États-Unis pour établir les traits culturels caractéristiques essentiels à la réussite économique de chaque groupe. Ce faisant, il énonce certaines des causes de l'échec et de la pauvreté de certains groupes. En identifiant les facteurs culturels qui facilitent le progrès des uns et le retard des autres, il offre

---

227. Thomas Sowell, <u>Ethnic America</u>, (New York : Basic, 1981).

ce qu'il pense être une solution viable à la pauvreté.

Sowell reprend à son compte la théorie du capital humain. Les pauvres sont pauvres parce qu'ils n'ont pas les compétences leur permettant d'obtenir des emplois mieux rémunérés ; il développe une théorie de la culture de la pauvreté qui veut que les choix existentiels seuls produisent le succès ou l'échec économique ; et rejette le féminisme et l'idée que des institutions oppressives mènent certains groupes à la pauvreté.

L'individu, défini par ses valeurs et sa culture, est la cause, la solution et le seul responsable de son devenir économique. Dans cette optique, l'organisation sociale n'est jamais fautive. Le schéma inverse insiste davantage sur les causes structurelles de la pauvreté et lui cherche des solutions politiques.

Au centre de tous discours idéologiques sur le capital humain et la culture de la pauvreté, réside une foi intense dans la libre entreprise et le rêve américain. Si on travaille dur et si on suit les règles du jeu, le succès économique est assuré. Les conservateurs sont généralement d'accord avec la définition très limitée que l'ancien député républicain noir de l'Oklahoma, J.C. Watts Jr. donne du rêve américain :

Le rêve américain consiste à pousser ses propres limites et à réaliser son potentiel. Il n'a rien à voir avec un compte en banque, la marque de la voiture qu'on conduit, ou la marque des vêtements qu'on porte. Il a tout à voir avec l'utilisation qu'on fait de nos dons afin de devenir tout ce que Dieu veut que nous devenions.[228]

Selon Sowell, le capital humain est le facteur décisif de la réussite ou de l'échec. Les investissements matériels ne sont que d'une importance secondaire. La véritable source de richesse est en fait l'aptitude à produire le capital humain.

La notion de capital humain est tirée de la notion de capital financier, et fait référence aux compétences, à la connaissance, au savoir-faire, à l'instruction, à l'expérience, à la créativité, à la motivation, à la santé, à la discipline, au talent, à la frugalité et plus généralement aux valeurs qu'un individu donné possède. Comme n'importe quel autre capital, le capital humain est censé produire un dividende, soit sous la forme d'un meilleur emploi, d'un salaire plus élevé, d'une productivité accrue, ou plus simplement d'une vie plus pleinement vécue. Le capital humain peut être utilisé, mais il ne peut être consumé.

Cette notion de capital humain n'a pas été inventée par Thomas Sowell bien qu'il la popularise avec enthousiasme. La conceptualisation des compétences, du savoir et de l'expérience comme des formes du capital, peut être attribuée aux économistes Theodore Schultz (1959)[229], Gary S. Becker (1962),[230] et

228. J.C. Watts, Jr., "A Black Conservative's View On Defining The American Dream," Washington Informer, 09 Octobre 1996, volume 32, numéro 51, 14.
229. Theodore W. Schultz, "Investment in man: An economist's view," Social Service Review, 1959, numéro 33, 109 - 117.
230. Gary S. Becker, "Investment in human capital: A theoretical

Jacob Mincer (1962).[231] Depuis la fin des années cinquante jusqu'à nos jours, grâce au travail assidu de ces trois hommes et aux œuvres de vulgarisation comme celles de Thomas Sowell, la théorie du capital humain continue de susciter un vif intérêt chez les économistes.

Les revenus des salariés dépendent de leurs investissements dans le capital humain. Ceux parmi eux qui font les plus grands investissements dans le capital humain reçoivent en moyenne des salaires plus élevés que les autres. L'instruction représente un tel investissement ; elle est censée accroître les compétences. Plus le niveau d'instruction d'un salarié est élevé, plus son salaire le sera aussi. Plus il acquiert de l'expérience, pareillement, plus son salaire sera élevé.

Thomas Sowell reconnaît que le capital humain n'est pas entièrement et uniquement dû au mérite individuel. "Le climat, la géographie et l'histoire y jouent un rôle majeur."[232] Sowell reconnaît deux tendances idéologiques qui nieraient l'importance du capital humain dans l'élévation générale du niveau de vie : la prédilection pour les mesures de redistribution économiques et le relativisme culturel.

«Les politiques de redistribution découragent le développement du capital

---

analysis," Journal of Political Economy, 1962, 70.

231. Jacob Mincer, "On-the-job training: Costs, returns and some implications," Journal of Political Economy, 1962, 70.

232. Thomas Sowell, Race politique et économie. Une approche internationale, (Paris : PUF, 1986) 271.

humain et l'effort difficile de l'acquérir. De telles politiques ont pour effet de rendre moins sensible l'importance de ce capital humain pour l'économie, parce que l'optique redistributive s'accompagne souvent d'une idéologie politique qui explique les différences de richesse par l'exploitation ou la discrimination. »[233]

Dans l'optique de Sowell, la discrimination et l'exploitation sont évacuées comme éléments d'explication des différences sociales. Au mieux, les différences sociales s'expliqueraient par une répartition inégale du capital humain. Et cette répartition inégale aurait plus à voir avec un accident du climat, de la géographie et une déficience personnelle, plutôt qu'avec la discrimination ou l'exploitation.

L'appareil de l'État a été maintes fois utilisé pour limiter les chances de développement économique des Noirs. L'obtention de prêts au logement à des taux d'intérêts peu élevés garantis par le gouvernement fédéral devait permettre aux familles moyennes d'accéder à la propriété (l'achat d'une maison représentant un des mécanismes de la création de la richesse) ; cependant, l'organisme gouvernemental chargé de l'administration de ces prêts logements pendant longtemps éloigna les Noirs du processus. Les organismes gouvernementaux défendaient l'attitude des compagnies de financement, des agences immobilières, et de la

---

233. Idem.

majorité blanche. Ils exacerbèrent la ségrégation résidentielle.[234]

Pour obtenir l'assistance publique et plus spécifiquement AFDC, les candidats sont soumis à un examen financier minutieux et doivent montrer qu'ils disposent de biens dont la valeur ne dépasse pas 1500 dollars : un encouragement supplémentaire à se débarrasser d'un compte épargne même modique...

Selon Sowell, la culture conditionne le développement du capital humain et le capital humain détermine la réussite économique. Plusieurs facteurs culturels déterminants serviraient à expliquer les différences économiques parmi les Noirs, même dans un contexte d'oppression raciale et de racisme institutionnel. Sowell affirme que la culture surpasserait la discrimination et le racisme, même institutionnel, dans la détermination du destin économique des groupes.[235]

Les Antillais sont, en tant que groupe, pratiquement indifférenciés des Noirs américains ; toutefois, leurs cultures sont assez différentes. Sowell rapporte, citant le recensement de 1970 (avant que l'Action affirmative ne prenne effet), que les revenus des familles d'immigrés antillais représentaient en moyenne 94% du revenu américain moyen, alors que ceux des familles noires américaines représentaient 62% de la moyenne nationale. La

---

234. Idem.
235. Thomas Sowell, Civil Rights : Rhetoric or Reality ? (New York: Morrow, 1984).

représentation des Antillais dans les professions libérales est le double de la représentation des Américains noirs dans les mêmes professions libérales, et légèrement plus élevée que celle de la population américaine dans son ensemble.[236]

Les revenus de la seconde génération d'Antillais sont encore plus élevés que ceux de la première, et plus élevés que la moyenne nationale et que ceux des Blancs.[237] Leur taux de chômage est également au-dessous de la moyenne nationale, contrairement aux Noirs américains qui eux se trouvent bien au-dessus de la moyenne nationale.[238] Nonobstant une immigration sélective qui assure que seuls les plus ambitieux seront candidats au départ, Sowell remarque que le contraste entre les Antillais et les Noirs américains ne se résumaient pas simplement aux emplois qu'ils occupaient, mais également à des comportements caractéristiques bien différents. Les Antillais étaient plus frugaux, plus travailleurs et plus entreprenants que les Noirs américains. Leurs enfants travaillaient davantage et réussissaient mieux à l'école que les Américains. En tant que groupe, les Antillais aux États-Unis avaient aussi un taux de fertilité et un taux de criminalité inférieurs à la moyenne.[239]

L'instruction reste certainement un facteur des plus déterminants de l'ascension

236. Idem, 77.
237. Thomas Sowell, <u>Ethnic America</u>, (New York : Basic, 1981), 220.
238. Idem, 220.
239. Op. Cit., 219.

sociale. Au début des années quatre-vingts, lorsque mari et femme étaient tous deux diplômés de l'enseignement supérieur et disposaient d'emplois rémunérés, quand ils étaient noirs, ils gagnaient en moyenne un peu plus qu'une famille blanche.[240] Généralement, ils restent en au-dessous d'eux du point de vue des revenus qu'ils perçoivent, et de la valeur générale de leurs biens. En 1995, le salaire moyen des Blancs était de 42646 dollars par an contre 25970 pour les Noirs.[241] En 1996, seulement 12,4% des hommes noirs et 14,6% des femmes noires complétaient une licence, contre 26,9% des hommes blancs et 21,8% des femmes blanches.[242] La migration aussi a profité aux Noirs américains. Lorsqu'ils quittaient une région où les salaires restaient relativement bas, le Sud, pour une région où les salaires étaient relativement élevés, le Nord, les Noirs voyaient leurs revenus croître.

Le mariage était un passage essentiel pour les Noirs s'ils devaient échapper à la pauvreté. Pour accéder à la classe moyenne, ils ont souvent besoin de deux salaires. « La nécessité de deux salariés dans un foyer confirme le désavantage que connaissent les Noirs. »[243]

---

240. U.S. Bureau of the Census, Current Population Reports, Series P-20, No. 366 (Washington D.C.: U.S. Government Printing Office, 1981), 182 - 184.
241. Statistical Abstract of the United States, 1997, 469.
242. Idem, 159.
243. Bart Landry, The New Black Middle Class, (Los Angeles, California: U. Of California P., 1987) 100.

Selon Thomas Sowell, la migration des régions les plus pauvres vers les régions les plus riches, la situation géographique, l'instruction, le mariage, l'âge, la formation, l'attitude vis-à-vis du travail, la religion, dans certains cas, le degré d'assimilation dans la culture dominante, l'expérience, le type d'activité professionnelle, sont tous des facteurs déterminants de l'égalité sociale. Pour la plupart des groupes ethniques américains, blancs ou non blancs, l'acceptation sociale semble avoir été obtenue après l'ascension économique, et n'a pas été la cause de cette ascension. Autrement dit, le manque d'acceptation sociale n'a empêché ni les groupes blancs ni les groupes non blancs de sortir de la pauvreté ; et l'une des causes les plus évidentes du fait que certains groupes gagnent davantage que d'autres est souvent passée sous le silence : ils travaillent plus.[244]

Les progrès les plus remarquables furent effectués par des groupes qui auraient intentionnellement évité la politique, comme les Chinois et les Japonais. En contraste, insiste Sowell, un des groupes dont les progrès dans la société américaine se sont effectués très lentement malgré les avantages de la couleur de leur peau et leur familiarité avec la langue du pays furent les Irlandais qui eux ne trouvaient pas leurs égaux en politique.[245]

À croire Thomas Sowell, la discrimination,

---

244. Thomas Sowell, <u>Race politique et économie. Une approche internationale,</u> (Paris : PUF, 1986) 203.
245. Thomas Sowell, <u>Ethnic America</u>, (New York: Basic, 1981), 274.

le sexisme et une oppression systématique légitimée par la politique du gouvernement ne sauraient justifier des disparités dans le statut économique de communautés distinctes, alors que la manière de leur arrivée dans leur pays d'accueil, les compétences et les valeurs dont ils font montre, à lui seul suffirait à justifier les positions qu'ils occupent.

Bart Landry, peu convaincu, étudia le fossé entre les salaires des hommes blancs et ceux des hommes noirs pour déterminer s'il pouvait être justifié uniquement par une disparité dans le capital humain ou également par la discrimination. Il remarqua que la plus grande activité des hommes blancs dans le secteur privé où les salaires étaient plus élevés expliquait en partie leur plus grande aisance matérielle. Les Noirs avaient investi la fonction publique. C'est dans la fonction publique qu'ils avaient les plus grandes perspectives de promotion.

Selon Landry, les Noirs du Nord et du Midwest se débrouillaient mieux financièrement que ceux du Sud, et gagnaient en moyenne 1500 dollars de plus. Les Blancs, eux, n'étaient nullement pénalisés de la sorte s'ils restaient dans le Sud.[246] Les Blancs recevaient plus de quatre fois le salaire des Noirs pour chaque année supplémentaire de travail, et ceci même quand les Noirs avaient plus d'ancienneté.[247]

---

246. Bart Landry, <u>The New Black Middle Class</u>, (Los Angeles, California: U. Of California P., 1987) 124.
247. Idem, 125.

Landry compare le salaire de deux ingénieurs, l'un blanc et l'autre noir. Ils ont chacun le même âge, 30 ans ; ils travaillent tous les deux dans le privé ; ils sont tous deux chargés de la supervision de travaux ; ils ont le même nombre d'années de service ; ils vivent tous deux dans le Nord, cependant, l'ingénieur noir gagnait 15625 dollars et l'ingénieur blanc 20608 dollars ; un fossé d'environ 5000 dollars.[248]

À la suite d'une étude systématique de ce genre de situation, Landry finit par conclure qu'étant donné la manière dont le système fonctionne pour les Noirs, un accroissement des caractéristiques censées produire de plus grands revenus, telles que l'éducation et l'ancienneté, a un impact moindre sur les revenus des Noirs, que sur les revenus des Blancs ; les Noirs reçoivent moins de compensations pour les mêmes caractéristiques qui valent aux Blancs des salaires plus élevés. Les Blancs ont plus à gagner d'un accroissement de leur capital humain. « Pour mériter une augmentation de salaire semblable à celle des Blancs, les hommes noirs doivent en moyenne avoir plus d'éducation, et être occupés à des fonctions plus élevées [...] la disparité dans les salaires entre les hommes blancs et les hommes noirs est essentiellement le résultat de la discrimination »[249]...

---

248. Ibidem.
249. Op. Cit, 126 - 127.

12. Shelby Steele :
Préférences et Vulnérabilité

Shelby Steele est né en 1946 à Chicago et fut élevé dans une banlieue ouvrière de Phoenix, dans l'Illinois. Son père était routier et sa mère assistante sociale. Shelby Steele fréquenta *Coe College* dans l'Iowa et puis, obtint un doctorat en anglais à l'université d'Utah avant d'accepter un poste d'enseignant à San José State University où il devait passer vingt ans. Depuis la parution de son premier livre, *The Content of Our Character* on le retrouve à Stanford University parmi l'équipe de chercheurs de Hoover Institute. Shelby Steele a un frère jumeau, Claude Steele, également professeur à Stanford. Sa recherche l'oppose idéologiquement à son frère Claude qui s'applique à réfuter les arguments de la droite.

L'Action affirmative fut le moyen d'une plus grande intégration des minorités dans l'emploi. À travers une politique égalitariste, elle se donnait pour mission d'assurer que la race, le sexe, la religion, l'origine nationale, etc., ne demeuraient pas des obstacles à l'emploi. Son but était d'assurer la représentation de toutes les sections de la population dans toutes les sphères d'activités.

L'Action affirmative était une tentative d'élimination des effets de la discrimination subie par les groupes autorisés à en bénéficier (les femmes, les Noirs, les Latinos, Les Indiens d'Amérique, les handicapés...). Elle exigeait des employeurs bénéficiant d'un contrat avec le Gouvernement, qu'ils ne se contentent pas de déconsidérer la race, le sexe et le handicap du postulant à un emploi, mais qu'ils fassent un effort supplémentaire. L'Action affirmative requérait des entreprises des efforts positifs pour recruter et assurer la promotion des membres qualifiés des minorités et autres groupes auparavant exclus. À moins que des mesures positives ne soient prises pour enrayer les effets de la discrimination, une simple indifférence vis-à-vis de la race (*color-blindness*) ou du sexe d'un candidat ne ferait que perpétuer le statut quo ad infinitum.

Selon Shelby Steele les mesures de protection des Noirs se retournèrent immanquablement contre eux. La grande majorité des Blancs n'appréciaient guère d'avoir à subir le coût d'une politique compensatoire de justice sociale qu'elle percevait comme injuste. Les Blancs étaient souvent convaincus et justifiés dans cette conviction par des conservateurs noirs que le « problème noir » avait été résolu par la lutte pour les droits civils pendant les années soixante. Bénéficiaires séculaires de privilèges que leur seule couleur de peau leur conférait, l'Action affirmative ne remettait aucunement leurs privilèges ou leur pouvoir en question, « le nombre de Blancs à avoir souffert à cause de l'Action affirmative a été relativement minime. »[250]

Les programmes d'Actions affirmatives étaient censés donner aux Noirs les moyens de s'insérer dans le monde du travail sur un pied d'égalité avec les Blancs. 30,7% des 30 millions de Noirs américains ont un revenu qui demeure au-dessous du seuil officiel de la pauvreté. La communauté noire est profondément divisée. Au sommet, un groupe de nantis qui tend à croître, et en bas, un groupe de laissés-pour-compte qui lui aussi tend à croître.

Après plus de vingt ans de politique préférentielle, les conservateurs noirs reprochent à l'Action affirmative de ne profiter qu'à ceux qui en ont le moins besoin : la bourgeoisie noire ; de stigmatiser ceux qui en bénéficient ; de contribuer à polariser la société ; et d'entretenir le sentiment qu'ont les Noirs de leur propre victimisation. Et Shelby Steele surenchérit : Au lieu de mettre les Noirs américains sur la voie du développement, l'Action affirmative s'est retournée contre eux... Rien de tout cela ne remettait en question le préjugé fondamental de l'infériorité des Noirs inscrit dans la mentalité blanche... Des gens qu'on doit aider sont toujours plus ou moins

---

250. Andrew Hacker, <u>Two Nations, Black and White, Separate, Hostile, Unequal.</u> (New York : Scribner, 1992) 51.

inférieurs.[251]

Aujourd'hui, « les programmes d'Actions affirmatives sont de plus en plus dominés par les enfants de la classe moyenne. »[252] Ceux qui ne bénéficient pas d'une solide formation qui leur permettraient de devenir compétitifs dans un marché impitoyable sont, paradoxalement, ceux que les programmes de justice sociale négligent le plus. « L'impact positif que ce programme a eu sur les Noirs, a bénéficié principalement à ceux qui étaient situés aux plus hauts postes. Si on examine les revenus relatifs des jeunes noirs et des jeunes blancs par classe d'éducation, on remarque que de loin, la plus grande progression a été effectuée parmi les Noirs qui jouissaient de l'éducation la plus poussée. »[253]

L'Action affirmative stigmatiserait donc ceux qui en bénéficient. La prémisse humiliante qui se cacherait derrière elle, serait l'infériorité noire. De l'autre côté du débat idéologique, Bernard Boxill qui n'est guère un admirateur des conservateurs noirs approuve : « L'intégration active [l'action affirmative], c'est [...] l'assurance que chaque individu sera purement et simplement traité en tant que membre d'un groupe racial donné et que ses mérites seront dépréciés et ignorés. »[254]

---

251. "Entretien avec Shelby Steele," L'Express, 30 octobre 1992, 66.
252. Stephen Carter, Reflections of an Affirmative Action Baby, (New York : Basic, 1991) 71.
253. Cité par William Julius Wilson, The Truly Disadvantaged, (Chicago : U. of Chicago P., 1987), 110.
254. Bernard R. Boxill, Les Noirs et la justice sociale aux États-Unis, (Nancy : Presse Universitaire de Nancy, 1988), 177.

Les compétences de ceux qui ont bénéficié de l'Action affirmative seraient systématiquement remises en question. L'Action affirmative créerait des catégories artificielles, les préférés et les non préférés. Elle engendre par conséquent, à tort ou à raison, une virulente hostilité envers ses bénéficiaires chez des groupes qui croient leurs avantages menacés.

Selon Shelby Steele, l'Action affirmative entretient chez les Noirs le sentiment de leur propre victimisation et les pousse à transformer cette victimisation en avantage politique :

Un autre inconvénient de l'Action affirmative est qu'elle encourage, indirectement, les Noirs à exploiter leur victimisation passée comme une source de pouvoir et de privilège. La victimisation, tout comme l'infériorité supposée, est ce qui justifie la préférence, tant et si bien que pour recevoir les bénéfices du traitement préférentiel l'on doit, d'une certaine façon, accepter de se voir comme une victime. C'est comme cela que l'Action affirmative entretient chez les Noirs une identité basée sur leur statut de victime (victim-focused identity).[255]

Répéter que les Noirs sont des victimes, que les Blancs sont responsables de leurs problèmes contribue au blocage de la situation, et à l'aliénation de la majorité des Blancs eux-mêmes. Même s'il est vrai que les Blancs doivent partager une part de responsabilité, ce serait une

---

255. Shelby Steele, The Content of Our Character, (New York: Harper, 1990) 118.

stratégie désastreuse que de le ressasser puisqu'aussi bien, c'est des Blancs que beaucoup attendent une solution.

Selon Shelby Steele, le traitement préférentiel serait une prime inutile accordée aux Noirs ; un geste coupable de compensation. Les conservateurs cherchent l'abrogation de toutes les décisions qui exigeaient la mise en œuvre d'une politique de traitement préférentiel basée sur la race. Ils sont plus à l'aise avec la notion d'égalité d'opportunité telle que la loi de 1965 sur les droits civils la concevait.

Les politiques sociales développées après la lutte pour les droits civils afin de corriger les disparités économiques et sociales entre Blancs et Noirs ont transformé indirectement le statut de victime en source de pouvoir.[256] Le statut de victime serait venu à symboliser une reconnaissance de dettes qui donnerait droit à des avantages variés dont la préférence dans l'emploi ou dans l'accès à l'université, et la préférence dans la répartition des contrats fédéraux de sous-traitance. La victimisation serait devenue selon Shelby Steele une condition qui mériterait récompense. D'où l'intérêt de certains à s'identifier comme les victimes de la société américaine.

La victimisation dont parle Steele est avant tout la promotion de notre expérience subjective de l'injustice au centre de la définition de notre identité. C'est le fait de se laisser

---

256. Idem, 118.

entièrement définir par notre propre expérience de l'oppression et de l'injustice. Pour Steele, la politique libérale démocrate récompense cette identification et cette définition par la préférence raciale. L'ironie, c'est que les Noirs sont plus libres aujourd'hui qu'ils ne l'ont jamais été auparavant ; cependant leur identité reste ancrée dans la victimisation.

La préférence raciale détruirait le lien social parce qu'au lieu d'encourager les Noirs à se voir d'abord comme des Américains, elle leur permet de jubiler dans leur identité ethnique au détriment de l'identité commune. Cette glorification de l'identité ethnique place les Noirs en opposition à une société américaine à laquelle certains disent ne pas s'identifier. Cette relation oppositionnelle les empêche de participer pleinement au processus démocratique et accroit le retard qu'ils accumulent.

Le concept de pouvoir noir qui se trouve au centre de la glorification du particularisme ethnique s'avère souvent oppressif pour les Noirs qui dévient de la norme comportementale du groupe, et pour tous ceux qui ne sont pas Noirs. À cause de son rapport conflictuel avec la société américaine, le chauvinisme des Noirs encourage un repli sur soi, et une distorsion de la perception des possibilités réelles offertes à tous au sein de cette démocratie américaine. Des parents autrement sains d'esprit finissent par inculquer à leurs enfants le sentiment de leurs propres limitations. Leur sentiment aigu de la discrimination et du racisme les force à chercher à protéger leur progéniture, pensant bien faire, en les décourageant de poursuivre certaines voies et filières qu'ils estiment risquées pour des individus de couleur. Cet accent sur la victimisation en assurant l'exceptionnalisme des groupes 'préférés', garantirait leur démotivation et finalement aussi leur échec. Ce qui ressort très clairement d'une lecture de Shelby Steele, c'est que la préférence raciale, en l'occurrence l'Action affirmative, garantirait l'infériorité noire.

L'analyse de Shelby Steele, aussi séduisante qu'elle est par sa sophistication apparente, ne sert qu'à dissimuler un assaut mesquin contre le progrès des Noirs. 800 postulants à l'université de Berkeley en Californie, malgré des résultats scolaires excellents (moyenne de A) se sont vus refuser une inscription en faculté[257] à la suite du passage de la proposition 209 en 1996 - une mesure qui en Californie interdit l'Action affirmative dans l'admission à l'université, l'emploi et la promotion.

En mars 1998, l'université de Berkeley et l'université de Californie à Los Angeles ont fait connaître la composition ethnique et raciale de leur nouvelle promotion d'étudiants ; Berkeley rapporta une chute de 57% dans le nombre de candidats noirs et une chute de 40% dans le nombre de candidats hispaniques. Pour UCLA (*University of California at Los Angeles*), les

---

257. Steven A. Holmes, "Re-Rethinking Affirmative Action," New York Times, 5 avril 1998.

chiffres étaient : une chute de 43% pour les Noirs et de 33% pour les Hispaniques.[258] Le nombre d'étudiants noirs et hispaniques inscrits à la faculté de droit de UCLA a diminué brusquement. En 1996, 104 Noirs y avaient été admis ; en 1997, seulement 21. De ces 21, seulement 8 s'y inscrivirent. À la faculté de droit de Berkeley aucun des Noirs qui y furent admis en 1997 ne vint s'y inscrire.[259]

Les résultats d'une étude menée sur une période de 20 ans sur les bénéficiaires de l'Action affirmative et leurs anciens collègues à la faculté de médecine de *University of California at Davis*, révélèrent que ceux qui avaient été admis à la faculté et dont l'ethnicité et la race avaient été prises en compte, avaient poursuivi des carrières universitaires et professionnelles comparables à ceux qui avaient été admis sur la base de leur seul mérite.[260]

Certains ennemis de l'Action affirmative à la suite des premiers résultats de l'élimination de la politique préférentielle en Californie sont revenus sur leur opposition. Une minorité de conservateurs qui avaient autrefois contribué à l'assaut contre l'Action affirmative a changé de camp sur cette question se rendant compte qu'ils avaient contribué à réduire les chances de développement des minorités les plus mal lotis.

Nathan Glazer, un sociologue de Harvard

258. Idem.
259. "Violins in the wings," Op-Ed, New York Times, 28 novembre 1997.
260. Ethan Bronner, "Affirmative Action Beneficiaries Prove Hard to Distinguish, Study Says," New York Times, 8 octobre 1997.

qui, autrefois, avait abondamment écrit contre l'Action affirmative, encourage maintenant les conservateurs à repenser leurs positions sur leur opposition à cette politique : « Je crois que les raisons principales pour lesquelles nous devons poursuivre la politique préférentielle pour les Noirs sont, d'abord, que ce pays a une obligation spéciale envers eux, qu'il n'a pas encore rempli, et ensuite, que la stricte application du principe de qualification réduirait au désespoir nombre d'entre eux, en leur envoyant le message que la nation reste indifférente à leur sort. »[261]

Glenn C. Loury, un conservateur noir, professeur d'économie à Boston University et ancien assistant de Reagan, James Q. Wilson, un sociologue conservateur de UCLA et bien d'autres, dans un retournement de situation inattendu, ont joint leurs voix au chorus de protestations contre l'élimination de la politique préférentielle.[262] Apparemment, les arguments conservateurs contre la politique préférentielle dont ils étaient eux-mêmes d'éloquents propagateurs, ne les émeuvent plus.

261. Steven A. Holmes, "Re-Rethinking Affirmative Action," New York Times, 5 avril 1998.
262. Idem.

13. Robert Woodson : Aumône et Initiative

Robert L. Woodson est le fondateur et le président du National Center for Neighborhood Enterprise (NCNE). Cette organisation à but non lucratif fondée en 1981 à Washington se donne pour mission d'aider les plus démunis à échapper à leur condition. Elle travaille conjointement avec d'autres organisations pour réduire la violence, le crime, pour créer des emplois, des petites entreprises autonomes, et revitaliser les quartiers défavorisés. L'activisme social de Robert Woodson date des années soixante ; alors, en tant que jeune activiste, il coordonnait des programmes de développement communautaire aux niveaux local et national. Dans les années soixante-dix, il dirigea la division *administration of justice* du *National Urban League* avant de rejoindre le *American Enterprise Institute*, un groupe de réflexion, comme chercheur en résidence. Il obtint une licence de Cheney University et une M.S.W. (*Master's of Social Work*) de l'université de Pennsylvanie.

Auteur prolifique, son mépris pour la tour d'ivoire le sépare des autres conservateurs noirs : 'Il n'est pas suffisant de débattre des idées', disait-il. Nous devons présenter des alternatives pragmatiques.'[263] Robert Woodson est moins doctrinaire que ses congénères :

'En dépit de l'échec incontesté de nombreux programmes gouvernementaux à produire une revitalisation urbaine digne de ce nom, il est dangereux de conclure des généralités comme les programmes initiés par le secteur privé seront toujours plus efficaces.' ... Des organisations telles que *United Way* ou bien encore l'organisation philanthropique *New Era*, et les agences caritatives ne sont pas à l'abri de la corruption. Le vrai problème n'est pas de déterminer si oui ou non les réponses privées sont meilleures que les programmes gouvernementaux, ni si oui ou non le gouvernement devrait s'impliquer dans la tâche critique de revitalisation de l'environnement urbain, mais, plutôt, ce que la nature de cet engagement devrait être et dans quelle mesure ceux qui souffrent du problème devraient être impliqués dans la résolution de leur problème.[264]

Les bénéficiaires de l'assistance publique ont un rôle important à jouer dans la résorption de leur pauvreté. Les bureaucrates sont mal placés pour résoudre un problème qui justifie

---

263. Sharon Brooks Hodge, "Robert Woodson," Headway, septembre 1997. P. 18.
264. Robert L. Woodson, "Government should play a supporting role," National Minority Politics, août 1995. P. 7.

leur raison d'être. Le *National Center for Neighborhood Enterprise* privilégie une approche locale dans sa stratégie de lutte contre la pauvreté. "Depuis 1964, le gouvernement fédéral a investi des milliards de dollars dans l'emploi, le logement, l'assistance publique, et les programmes de développement économique pour aider les pauvres. Néanmoins, le principal bénéficiaire de cet effort massif a été l'industrie des services sociaux qui a géré les programmes d'assistance en percevant des salaires et des honoraires qui consommaient la part du lion des sommes allouées."[265]

Selon Robert Woodson, les pauvres eux-mêmes et les associations de quartier devraient jouer un rôle central dans la formulation et l'exécution des solutions aux problèmes de leurs communautés. Pour être résolus de façon efficace, les problèmes sociaux devraient être appréhendés avec la logique du marché ; la concurrence et la rentabilité des investissements devraient faire partie de la manière de penser ces problèmes. Les organisations religieuses devraient figurer dans ce débat, car elles sont mieux placées pour lutter contre la perte des valeurs morales qui contribue à la paupérisation.

Les structures de médiation que sont les associations de quartier, les églises, les familles, sont souvent le premier recours des plus démunis dans leurs moments de plus grand

---

265. Robert L. Woodson, On the Road to Economic Freedom. An Agenda for Black Progress, (Washington, DC: Regnery Gateway, 1987) x.

besoin. Dans nombre de communautés aux États-Unis ces structures de médiation ont réussi à réduire la violence parmi les jeunes et à transformer des vies désœuvrées là où les programmes gouvernementaux ont échoué. C'est de transformation que parle Robert Woodson ; une transformation tout à fait individuelle. Seule la transformation marche, une expérience qui peut être religieuse et qui change les cœurs. Certains leaders de quartiers transforment des vies chaque jour, ils changent les attitudes et les valeurs de ceux qu'ils touchent.[266]

Pendant plus de trente ans, Robert Woodson a étroitement travaillé avec des organisations de quartier. Le *Victory Fellowship* de San Antonio au Texas est une d'entre elles. Son fondateur, président et pasteur, Freddie Garcia, un ancien toxicomane, dorénavant aide les alcooliques et les toxicomanes à combattre leur dépendance. Il a établi plus de 65 centres au Nouveau Mexique, à Porto Rico et au Pérou.[267] Sans subvention du gouvernement, le *Victory Fellowship* dispense soutien, conseil et formation à ceux qui en ont besoin.

Kenilworth-Parkside à Washington, un ensemble de 464 appartements, en 1982 était miné par la drogue, le crime, le vandalisme, et des taux élevés de grossesses chez les

266. Robert L. Woodson, "Look to the Poor for Solutions," <u>Stone Soup</u>, volume 13, numéro 3.
267. Conversation avec Robert L. Woodson à la librairie Borders à Washington, le 02 mai 1996.

adolescentes. 76% de ses 3 000 résidents recevait une aide de l'État, et la plupart d'entre eux étaient privés d'eau chaude et de tout chauffage depuis deux ans. Tout cela vint à changer lorsque les résidents eux-mêmes se prirent en charge et assumèrent la gestion quotidienne de leur propre quartier, avec l'aide de Robert Woodson, au sein de leur nouvelle association, le *Kenilworth-Parkside Resident Management Corporation*, grâce à un contrat qu'ils passèrent avec les autorités de la ville, et en particulier le *District of Columbia's Department of Housing and Community Development* (DHCD). La nouvelle organisation était dorénavant responsable de la collecte des loyers, de l'entretien des bâtiments, de la mise en vigueur de la réglementation gouvernementale, de la sélection des locataires, de la comptabilité et des nouvelles réglementations.

Les résultats ne se firent pas attendre. Au bout de deux ans, les locataires-gestionnaires ont réussi à réduire de 50% le taux de grossesse parmi les adolescentes, de 50% la dépendance de l'assistance publique, de 75% la criminalité; ils ont aussi réussi à accroître de 130% la perception des loyers, et à réduire de 64% les coûts administratifs pendant la première année seulement. Les locataires-gestionnaires réussirent aussi à créer des emplois pour nombre de locataires au chômage en montant un petit supermarché en coopérative, un salon de coiffure, deux garderies, une infirmerie, un snack bar et d'autres petites sociétés à responsabilité limitée.[268]

Le succès de cette initiative encouragea le passage de lois facilitant le développement d'initiatives similaires partout dans le pays, et permirent l'établissement d'un *Office of Resident Initiatives* au sein du ministère du logement et du développement urbain. Depuis, Robert Woodson a souvent la charge de porter conseil aux membres du congrès, au corps législatif de la Pennsylvanie et à l'assemblée de Wisconsin, parmi d'autres. Ses activités lui ont valu d'être reconnu aux plus hauts niveaux du gouvernement sous Reagan, de recevoir de multiples prix, ainsi qu'une place au *American Entreprise Institute*, un groupe de réflexion conservateur. La fondation libérale, le *MacArthur Foundation*, lui décerna un prix de 320000 dollars en 1990.[269] Son innovation fut de placer les bénéficiaires de l'assistance publique, les pauvres, au centre de la formulation et de la résolution de leurs propres problèmes en faisant appel à une tradition d'entraide au sein même de la communauté noire.

Robert Woodson était toujours prêt à travailler avec ceux qui, au-delà des divisions idéologiques, se souciaient des plus démunis. Il demeure le moins idéologue et le plus pragmatique de tous les conservateurs noirs. Ce qui lui importe ce sont les victoires que les

268. Robert L. Woodson, <u>On the Road to Economic Freedom. An Agenda for Black Progress</u>, (Washington, DC : Regnery Gateway, 1987) 24-25.
269. Conversation avec Robert L. Woodson à la librairie Borders à Washington, le 02 mai 1996.

pauvres remportent face à la pauvreté. Des organisations communautaires qui réussissent sont d'abord sociales ou économiques de nature, pas politiques.[270] Le désir des conservateurs de voir le gouvernement se retirer de "l'industrie de la pauvreté", et de laisser les associations caritatives assumer toute responsabilité pour les pauvres, semble suspect. Il est peu probable que des organisations qui ne disposent pas de ressources comparables à celle du gouvernement puissent sur une grande échelle véritablement améliorer le quotidien des plus démunis.

La plupart des fondations caritatives sont de petites envergures, mal financées et locales. La plupart des dons sont perçus par les églises et celles-ci en dépensent seulement une fraction pour aider les pauvres. Le gros de ces sommes sert à couvrir leurs frais de fonctionnement.

Selon Robert Woodson, les efforts de lutte contre la pauvreté, s'ils doivent être efficaces et avoir un impact durable, doivent répondre à trois critères. Ils doivent :

1) tenir compte du savoir-faire et des compétences indigènes aux communautés qu'ils ciblent, soutenir les associations de quartier qui, elles, connaissent intimement les problèmes du quartier.

2) être compréhensifs et reconnaître que les éléments sociaux (internes) et économiques

---

270. Joseph G. Conti et Brad Stetson, Challenging the Civil Rights Establishment. Profiles of a New Black Vanguard, (Westport, Connecticut: Praeger, 1993) 187.

(externes) d'une communauté font partie d'un tout interactif.

3) être unis, coordonner les activités du secteur public, du secteur privé, des églises et des organisations de quartier.[271]

Ces prescriptions font une place à l'action gouvernementale et, en ce sens, facilitent un consensus au-delà des divisions idéologiques. Aujourd'hui, les conservateurs noirs appartiennent à un parti républicain dont l'image est souillée par l'exclusion ; un parti qui, grâce à une stratégie Sudiste - *Southern Strategy* - courtise ouvertement un Sud politiquement hostile aux intérêts noirs. La *Southern Strategy* consiste à renoncer à un vote noir jugé trop difficile à obtenir et à concentrer ses efforts sur le vote des Sudistes, un vote historiquement démocrate, plus réceptif à une attaque contre des politiques libérales en faveur des minorités qui ont largement contribué à les aliéner du parti démocrate. "Les républicains ont essayé de s'imposer dans le Sud en se présentant comme un parti de Blancs conservateurs opposés à un parti démocrate dominé par les minorités, les syndicats et la gauche."[272] Cette stratégie a porté ses fruits, tous les États du Sud ont déjà élu des gouvernements locaux et des gouverneurs

---

271. Robert L. Woodson,
URL : http ://www.pbs.org/newurban/woodson.html
272. Kevin Sack, "The Solid South Has Switched Sides," New York Times, 16 mars 1998.

républicains.[273] Les conservateurs blancs restent divisés et ambivalents dans leur détermination à attirer davantage de Noirs dans le camp républicain. Certains, sont d'avis que, pour survivre dans un 21ème siècle démographiquement plus diversifié et coloré, le conservatisme doit devenir plus inclusif. Ce message a du mal à passer.

Les Noirs, dans leur écrasante majorité, reprochent aux conservateurs noirs d'alimenter une attaque organisée contre leurs intérêts. Ils leur reprochent de justifier et de légitimer le racisme, le sexisme, l'homophobie, ainsi qu'un assaut mesquin contre les salariés et les plus démunis. Tant que les inégalités et disparités dans la distribution des ressources, l'accès à l'éducation, aux emplois stables, à une couverture sociale adéquate, à la protection de la police, resteront criants aux États-Unis, et tant que le racisme et ses vestiges, l'existence des ghettos par exemple, persisteront, toute tentative d'explication du statut socio-économique des pauvres par une déficience dans leurs valeurs culturelles, morales et individuelles restera une tentative de mystification. La violence sous toutes ses formes explique amplement la pauvreté.

Tenter de caractériser les programmes d'Actions affirmatives comme antithétiques aux progrès des Noirs les plus pauvres contribue à la distorsion du débat sur des programmes qui au

---

273. Idem.

départ n'étaient pas mis en œuvre pour spécifiquement aider les plus démunis. Le profond déclin de la condition économique des moins fortunés parmi les Noirs s'est amorcé vers la fin des années soixante, bien avant que les programmes d'Action affirmative fussent mis en place. Ce sont les crises économiques qui en furent responsables. Les représentants de ce que l'on appelle la sous-classe aux États-Unis étaient largement employés dans les industries qui ont souffert les pertes d'emplois les plus impressionnantes. Le départ des industries des centres urbains, où se trouve la main-d'œuvre noire, vers les banlieues ou même vers l'étranger a précipité la désuétude d'un large segment de la population des ghettos. Ce phénomène était le plus notable au moment même où l'Action affirmative remportait ses plus belles victoires. Dans leur élan idéologique vers des victoires faciles, les conservateurs oubliaient les problèmes de l'économie américaine et leur impact sur la bonne ou la mauvaise fortune des Noirs.

Les programmes libéraux de la Grande Société de Johnson qu'ils attaquent avec virulence n'ont eu que cinq années pour fonctionner avant qu'un président républicain ne s'en prenne à eux. Sous Reagan, les lois contre la discrimination dans l'emploi ne furent pas sérieusement mises en vigueur. Certains Noirs comme Clarence Thomas furent sollicités pour diriger les organismes responsables de protéger les droits civils en raison de leurs prises de position. La collecte de données sur la violation de la loi sur les droits civils fut interrompue, les poursuites des contrevenants à la loi furent interrompues, ainsi que la distribution d'informations concernant la progression des cas préexistants.[274]

L'assaut des conservateurs noirs contre les intérêts de la communauté noire ne doit pas surprendre car ils sont devenus experts à reprocher aux victimes leur propre victimisation.[275] Cette activité consiste à justifier les inégalités en cherchant des défauts chez les victimes des inégalités. Le *Bell Curve* de Charles Murray et Richard Hernnstein et la plupart des ouvrages que publient les conservateurs répètent cette formule. Celui qui blâme la victime, pour être efficace, doit d'abord affecter de la sympathie pour cette victime. La plupart des conservateurs noirs y arrivent très bien.

Le but de ceux qui blâment les victimes est de traiter les symptômes du mal, (les victimes), et non le mal lui-même, (les facteurs). Il faut changer les victimes, et surtout changer leur perception du mal. Ceux qui sont définis comme ayant un problème, les victimes, sont isolés, psychologisés, et chosifiés. On en parle comme s'il s'agissait d'un corps cancéreux distinct. Ils sont différents de la norme, donc facilement sous-estimés et exclus. Une fois définis comme 'autre', moins civilisés que... il

---

274. Gary Orfield et Carole Ashkinaze, <u>The Closing Door. Conservative Policy and Black Opportunity</u>, (Chicago: U. of Chicago P., 1991) 209.
275. William Ryan, <u>Blaming the Victim</u>, (New York: Vintage, 1972).

devient facile de justifier leur oppression. Pour résoudre cette oppression, il faut leur inculquer les mêmes valeurs que le reste de la population, leur enseigner les bonnes manières afin de les rendre acceptables. Ce qui importe, c'est de rationaliser la cruauté et l'égoïsme de classe.

Les conservateurs noirs, soit pour choquer et se faire de la publicité, ou encore peut-être pour se faire apprécier de leurs mécènes, ne cessent d'insulter les Noirs. Les exemples abondent et ne sont pas difficiles à trouver. Le journaliste de Denver, Ken Hamblin, dans un article intitulé *"Don't Feed the Blacks,"* compare les Noirs à des animaux fourrageurs quand il écrit : « Comme un ours brun qui fourrage dans les poubelles pour survivre, les Noirs des ghettos ont renoncé à satisfaire les besoins vitaux de leur propre progéniture et ne luttent même plus pour survivre.» ... « Comme des bêtes choyées qui sont devenues boursouflées à force de se nourrir d'excréments humains, les Noirs des ghettos subsistent grâce aux largesses des libéraux »[276]...

Au nom d'une victoire idéologique sans intérêt pour leur communauté, les conservateurs noirs dans leur grande majorité ont prêté main-forte aux extrémistes de droite et sacrifié la vérité de la persistance du racisme et des symptômes de son legs à l'autel de l'opportunisme. Une société clairement divisée

---

276. Ken Hamblin,
URL : http ://www.hamblin.com/plate.main/articles/feed.html

par un fossé économique et culturel, composée de visages hostiles qui évoluent sur le même territoire géographique, mais ne partage ni un espace social ou intellectuel, ni la même vision du patrimoine démocratique américain, c'est ce qu'ils contribuent à pérenniser.

14. L'ingénierie Sociale

Les périodes pendant lesquelles les républicains dominent le congrès et la Maison Blanche, coïncident avec les périodes d'accroissement extrêmes des revenus des plus riches, et d'appauvrissement comparable des classes moyennes et ouvrières ; alors que les périodes pendant lesquelles les démocrates dominent la Maison Blanche et le Congrès avaient tendance, elles, à signaler la tendance inverse.

Les crises économiques aux États-Unis sont distinctement dues à des politiques économiques destinées à favoriser les plus riches. Elles ont immanquablement été produites par des gouvernements républicains. La liberté économique d'une minorité entrave celle de la majorité. Le capitalisme débridé ne peut garantir à tous les mêmes possibilités de développement. Pour le libéralisme américain dit de gauche, le gouvernement a pour tâche d'assurer à tous une chance égale de développement et de réalisation.

Les Noirs n'ont cessé de lutter pour mettre un terme à l'oppression qui leur dérobe leur part du rêve américain'. A cet effet, ils ont accordé leur soutien aux seules organisations qui semblent favorables à leur cause. Entre 1865 et le milieu des années trente, c'est le parti républicain qui avait joui quasi exclusivement de ce soutien. Dès 1868, ils avaient été d'ardents électeurs républicains avant de se voir progressivement privés de leur droit électoral dans un Sud solidement démocrate. Ce n'est que lorsque le parti démocrate put intervenir pour amoindrir leur grande pauvreté économique, alors que le parti républicain les avait virtuellement abandonnés, qu'ils lui donnèrent en masse leur soutien. En 1936, dans l'ensemble, les Noirs étaient mécontents de l'indifférence républicaine à leur égard. Une majorité de ceux qui jouissaient du droit de vote, généralement au Nord, votèrent pour le président démocrate, candidat à sa propre réélection, Franklin Delano Roosevelt. Leur mouvement vers le parti démocrate devait se poursuivre avec Harry Truman et s'achever avec Lyndon Johnson.

C'est le libéralisme dit de gauche de Franklin Roosevelt qui fut la force déterminante derrière ce massif transfuge. Les programmes d'assistance de grande envergure de son New Deal réussirent à mitiger la grande pauvreté. Pour les libéraux démocrates, le gouvernement avait un rôle important à jouer afin d'assurer le progrès du corps social. "Lorsque de nouvelles conditions et de nouveaux problèmes impossibles à résoudre individuellement émergent, il incombe au gouvernement de les résoudre."[277] Les programmes libéraux de Roosevelt dépendaient d'un état central interventionniste et fort. Ils exigeaient un contrôle administratif détaillé des activités économiques, une plus grande réglementation et la mise en place d'un système de sécurité sociale, en bref, toute une bureaucratie pour gérer la redistribution des richesses qui s'opérait. Les programmes du 'New Deal' répondaient à un besoin spécifique.

Le 'New Deal' fut le moment le plus important du libéralisme américain, cependant, il était moins destiné à changer fondamentalement l'économie politique des États-Unis qu'à sauvegarder les valeurs traditionnelles et à endiguer les effets de la grande dépression. Il avait été conçu pour parer les réformes que le socialisme aurait rendues inévitables. Le libéralisme de Roosevelt se connaissait alors des ennemis aussi bien à gauche qu'à droite.[278]

Dans le contexte américain, libéralisme rime souvent avec gauche, et le libéralisme moderne en revenant sur les dogmes du libéralisme classique s'est rapproché du socialisme. Cependant, il existe une différence entre le libéralisme américain même dit de gauche et le socialisme. Ce libéralisme dit de gauche est un concept politique fondé sur des

---

277. Propos de Franklin D. Roosevelt cité dans David P. Barash, <u>The L word</u>. (New York: William Morrow and Company, Inc., 1992) 22.
278. David P. Barash, <u>The L word</u>. (New York: William Morrow and Company, Inc., 1992) 50-51.

principes communautaires démocratiques. L'individu n'est pas un îlot, il vit dans une communauté ; son bien-être dépend de celle-ci. Il lui doit sa réussite et c'est elle qui en crée les conditions. La communauté a un devoir envers ses membres, en particulier ceux qui sont en difficulté.

Le libéralisme dit de gauche tente d'harmoniser la vie publique, d'y mettre un peu d'ordre en renvoyant le principe de la loi du plus fort au désert philosophique auquel il appartient. En y injectant un peu de moralité, il favorise la liberté de conscience, la liberté de religion, la liberté d'expression, les droits civils, la tolérance, une éducation publique et universelle, un filet de sécurité sociale, la défense des droits du travailleur, le syndicalisme, la protection de l'environnement, la démocratie, la justice et surtout le progrès. En contraste, le conservatisme affiche une nostalgie maladive pour un bon vieux temps qui n'aurait existé que dans l'imaginaire de ceux qu'il nourrit. C'est dans son opposition aux programmes libéraux qu'il trouve toute sa raison d'être. Le libéralisme dit de gauche est essentiellement une philosophie optimiste qui part du principe qu'il y a assez de tout pour tous.

Le conservatisme moderne et le libéralisme classique sont dans la forme et le fond la même chose, la même idéologie. Le libéralisme moderne, ou dit de gauche, s'oppose au libéralisme traditionnel (classique) du dix-neuvième siècle connu aujourd'hui sous l'appellation de conservatisme. En gros, les libéraux modernes et les conservateurs partagent les mêmes soubassements idéologiques et les mêmes principes politiques. C'est dans les degrés d'attachement à ces principes qu'ils diffèrent. Les deux camps croient à la fois dans le secteur public et le secteur privé, toutefois les libéraux dits de gauche préfèrent un État au bras long, alors que les conservateurs préfèrent que celui-ci ait le bras court. Les libéraux dits de gauche sont plus attachés à une politique sociale dynamique, au changement, à la science, à l'inclusion, à la démocratie, à l'égalité, au secteur public et au pacifisme, alors que les conservateurs restent plus attachés à l'individualisme, à la tradition, à la religion, à l'exclusion, à la constitution, à la méritocratie, au secteur privé et au militarisme.

Libéraux et conservateurs représentent de nos jours des groupes d'intérêts divergents. Les libéraux, généralement, représentent les salariés, les femmes, les minorités, le monde de l'éducation, les écologistes, les artistes, les adversaires du port d'armes... En revanche, les conservateurs représentent les milieux d'affaires, les hommes, les Blancs, les chrétiens, l'industrie, la police et l'armée, les défenseurs du port d'armes...

Les libéraux croient que le gouvernement peut être une force positive dans la vie des individus. Pour eux, le gouvernement fédéral a pour responsabilité de veiller à la formulation et à l'application des lois. Pour les conservateurs cette responsabilité incombe aux gouvernements locaux. Les conservateurs aspirent donc à une réduction du pouvoir fédéral. Ils désirent une intervention fédérale moindre dans l'économie et plus de moralité dans la vie privée des citoyens, donc une plus grande intervention gouvernementale dans la vie privée pour garantir cette moralité. Les libéraux, au contraire, souhaitent plus d'interventions dans l'économie et moins dans la vie privée des citoyens.

Tous les conservateurs n'adhèrent pas à cent pour cent à tous les principes du dogme conservateur. Pareillement, tous les libéraux n'adhèrent pas à tous les principes du dogme libéral. Au sein de chaque mouvance, il existe des frictions. Parfois, les questions elles-mêmes ne se prêtent pas à des catégorisations faciles.

Pour les conservateurs, seule une économie de marché désentravée, débarrassée de la réglementation que lui impose le gouvernement, peut offrir les meilleures garanties de liberté et de prospérité. Le libéralisme dit de gauche a mauvaise réputation aux États-Unis. Le mot même est devenu un gros mot, et cela parce que les conservateurs définissent, sans opposition musclée, le débat politique sur les ondes radiophoniques, à la télévision, dans la presse et dans les coulisses du gouvernement.

Démanteler l'État providence que le 'New Deal' libéral de Roosevelt a mis sur pied est devenu l'objectif prioritaire d'un parti républicain qui s'appuie sur le vieux fond puritain de l'Amérique. L'éthique protestante du travail en constitue un des éléments primordiaux. Le libéralisme dit de gauche a été présenté par ses ennemis comme une philosophie qui encouragerait la dépendance ; une philosophie plus soucieuse d'une égalité de résultats, plutôt que d'une égalité des chances[279] ; une philosophie idéaliste plus soucieuse de problèmes sociaux que de productivité économique. Le libéralisme démocratique américain est même présenté comme une philosophie anticapitaliste.

Trop occupés à vilipender les pauvres et à leur reprocher leur dépendance vis-à-vis de l'État, les riches en oubliaient leur propre dépendance. Le secteur privé gobe la part du lion en aide gouvernementale (*Corporate welfare*). L'industrie de l'armement, ainsi que celles du tabac et du sucre, les compagnies minières, l'agrobusiness survivent directement grâce aux largesses du gouvernement. De plus, elles profitent aussi indirectement d'autres investissements du gouvernement, le système d'autoroute nationale, le contrôle du trafic aérien, la recherche. Les compagnies de produits pharmaceutiques, par exemple, profitent de la

---

279. La simple égalité des chances dont les conservateurs et les républicains se sont fait les plus ardents défenseurs est un mythe et un concept frauduleux, d'abord, parce que chacun commence sa vie au sein d'une famille et d'un groupe qui lui offre des possibilités de développement inégales. Le capitalisme ne peut logiquement engendrer une quelconque égalité. C'est un système qui prospère grâce aux inégalités qu'il encourage.

recherche médicale financée par le gouvernement.

En dépit des avantages certains qu'elles tirent de l'action gouvernementale, les grandes compagnies contribuent des fortunes aux organisations et causes conservatrices qui, selon elles, servent mieux leurs intérêts. En raison de cet appui financier énorme, les organisations conservatrices sont mieux financées que les organisations libérales dites de gauche. Elles peuvent ainsi entretenir allègrement toute une série de groupes de réflexion, de groupes de pression, et de groupes médiatiques afin de propager leur évangile réactionnaire.

La communauté noire dans son ensemble n'est pas dupe, elle sait que les progrès accomplis ont été facilités par l'intervention de l'État fédéral. La politique d'intervention du gouvernement fédéral a favorisé une présence accrue des Noirs dans les centres universitaires. C'est cette combinaison qui apporte les premiers éléments d'une explication de l'éclosion de la classe moyenne noire dans le sillage immédiat de la lutte pour les droits civils. En facilitant la poursuite d'une éducation supérieure et en mettant des bourses à la disposition de ceux qu'une éducation poussée séduisait, c'est la promotion de toute une catégorie de jeunes Noirs que le gouvernement a favorisé. Contrairement aux dires des conservateurs noirs, l'intervention de l'État avait un effet bénéfique direct sur le destin des Noirs. Les conservateurs noirs ont du mal à se faire entendre dans la communauté noire. Toute profession de foi conservatrice chez les Noirs demeure l'expression myope et triomphale de leur réussite sociale.

Si le tollé général à propos de l'action affirmative indique quelque chose, c'est bien qu'elle produit des résultats. Les hommes blancs orchestrent la mise à mort des programmes d'action affirmative justement parce qu'ils les conçoivent comme des menaces réelles. Une menace réelle ou imaginée signale l'existence d'une action efficace. Sans cette mesure, la plupart des secteurs de l'économie y compris le monde de l'éducation retourneraient à la discrimination du passé et excluraient les Noirs, les femmes, les homosexuels et les handicapés.

Les années quatre-vingts et quatre-vingt-dix ont vu l'émergence d'un nouveau groupe de conciliateurs noirs. Des parallèles peuvent être dressés entre la fin du dix-neuvième siècle avec Booker T. Washington et entre la fin du vingtième siècle avec le nouveau groupe de conservateurs noirs.[280]

Comme l'affirme Michael Lind, le mouvement conservateur aux États-Unis fonctionnerait selon le modèle du commerce triangulaire ; d'un côté, il y aurait l'argent, d'un autre, les idées, et du dernier, les activistes. Les intellectuels conservateurs sont à la solde, et littéralement reçoivent un cachet des principales fondations et

---

280. Earl Sheridan, *The New Accommodationists*, Journal of Black Studies, Vol. 27 No. 2, Novembre 1996 : 152.

groupes de réflexion conservateurs pour le travail de propagande qu'ils effectuent au nom de leurs mécènes.[281]

Le Parti Républicain désire-t-il réellement attirer les minorités ? Beaucoup au sein du Parti voient l'inclusion d'un nombre croissant de Noirs d'un mauvais œil. Pour eux, le dévouement d'un Noir à l'idéologie conservatrice ne peut être totalement sincère. Les accepter au sein du Parti reviendrait à en renforcer l'aile modérée. Clarence Thomas a publiquement accusé son parti de l'avoir accepté avec beaucoup de gêne.

"Inutile de dire que dans cet environnement, peu ou aucun effort n'a été fait pour attirer les Noirs qui hésitaient encore à adhérer au mouvement conservateur. En fait, les choses étaient déjà suffisamment difficiles pour ceux parmi nous qui étaient convaincus et convertis. Et la façon dont nous étions traités certainement n'offrait aucun encouragement aux futures recrues."[282]

Bien que certains au sein du parti républicain, à tort ou à raison, ne considèrent pas le vote noir comme essentiel, la machine électorale du parti, sous l'impulsion des modérés et des conservateurs noirs, se rend bien compte de l'importance du vote noir qu'elle désire conquérir pour garantir à l'avenir l'hégémonie

---

281. Michael Lind, Up from Conservatism, (New York : The Free Press, 1996) 75-82.
282. Clarence Thomas.Why Black Should Look to Conservative Policies. Heritage Lectures, No. 119. Washington, DC, Heritage Foundation. 18 juin 1987 : 5.

républicaine.

La critique de William E. B. DuBois, formulée il y a plus d'un siècle, reste encore valable. Celle-ci s'adressait à Booker T. Washington, mais elle pourrait tout aussi bien s'adresser aux conservateurs noirs d'aujourd'hui. « Sa doctrine a eu tendance à pousser les Blancs, au Nord et au Sud, à déplacer le fardeau du problème noir sur les épaules du Noir lui-même et de se contenter d'assister comme des spectateurs critiques et plutôt pessimistes ; quand en fait le fardeau appartient à la nation, et les mains d'aucuns ne sont propres si nous ne dirigeons pas toute notre énergie à redresser ces grands torts. »[283]

---

283. William DuBois, The Soul of Black Folk, (New York: Penguin Books, 1989, 1ère édition 1903) 49.

Du même auteur :

Christophe, Michel. *Teaching for Transformation: Teaching from the Heart*. Leesburg, VA: ProficiencyPlus, 2016.

———. *The Unraveling. A Leadership Tale*. Leesburg, VA: ProficiencyPlus, 2016.

———. *Deux Semaines en Janvier*. Leesburg, VA: ProficiencyPlus, 2016.

———. *Chronique d'un Noir à la Dérive*. Leesburg, VA: ProficiencyPlus, 2016.